グループ・アプローチでつながりUP！

学級経営のスタートがラクになる20のワザ

杉山雅宏・平野真理・金子恵美子・相馬誠一　編著

● はじめに ●

　みなさん、『星の王子さま（Le Petit Prince）』という本を読んだことがあると思います。思い出してみてください。小さな星から地球にやってきた小さなプリンスは華麗な薔薇をみてきれいだなと思うものの、何かもの足りません。小さな星に残してきた小さな薔薇のほうがよほど美しく大切なものであると感じるのです。そこに登場したキツネが言いましたよね。「その薔薇が大切なのはね、君がそのことに時間を使ったからだよ」と。時間を使ったということ、それはそのことに苦労した、そのことに喜んだ、親しくかかわりをもってきた、心を結んだというようなことをひとくくりにした表現であると私なりに解釈します。

　今、学校、教室の中で、教師と子ども、子ども同士の人間関係づくりで忘れられていることではないでしょうか。

　教師は、学校生活の中で、時と場に応じて、子どもたちにさまざまなかかわり方を示しています。何が良い悪いではなく、どれが正解でも間違いでもありません。大切なのは、臨機応変に、意図的に、自分のかかわり方を使い分けられることです。

　グループ・アプローチにおいて教師は、子どもの自立に向けて援助を促進します。

　関係をつくる主体は子どもです。関係をつくるとは、自分がいかなる人間なのか、相手がいかなる人間なのかということを知り合う（相互理解・相互受容）ことです。良い悪いではなく、「自分と相手は違う」ということを知ることです。違う存在としての自分、他者を大切にする、そして、その違いを活かし合っていくことが、関係をつくることでないでしょうか。

　ひとことで言えば、心理的安心・安全の場の提供です。何を言っても受け入れてもらえる、安心・安全を感じる雰囲気をつくることです。学級の中で、学級担任ほど大きな影響を発揮する存在はありません。

　本書は相馬誠一先生が編集された『グループ・アプローチで学級の人間関係がもっとよくなる』を10年ぶりに改訂しました。相馬先生とお仕事をご一緒させていただき、相馬誠一先生のカウンセリング魂を学ばせていただいた、平野真理先生、金子恵美子先生、そして杉山の3名が新たに編者に加わることになりました。

　10年の間に子どもたちを取り巻く環境は変化しました。そして、今後もさらに変化し続けるでしょう。AIが発達し、人のあり様も変化していきます。しかし、どんな時代にあっても、自分とは違う誰かがいてこそ自分が活かされるのではないかと思います。自分とは違う誰かがいる、違うからこそ、自分にしかできない、自分でしかありえないことを実感できるのです。

　そのように実感することを子どもたちが体験できるよう、多くの先生方に、そして教師を目指す多くの学生さんがこの本を活用してくださることを祈っております。

杉山雅宏

第3章　グループ・アプローチの実践

■ 執筆者一覧

杉山雅宏　　第1章2、第2章2
（東京家政大学教授）

平野真理　　第2章1・3、第3章20
（お茶の水女子大学准教授）

金子恵美子　第1章3
（慶應義塾大学准教授）

相馬誠一　　第1章1
（東京家政大学名誉教授）

市川美奈子　第3章1

山口孝一　　第3章2

竹間智子　　第3章3・4・5

佐藤敏彦　　第3章6・11

谷口治子　　第3章7・8

菊池千恵子　第3章9・10

中込由美　　第3章12・13・14・15・16・17・18・19

宮本愛司　　イラスト

グループ・アプローチって**何？**

① 学校カウンセリングと グループ・アプローチ

学校カウンセリングの重要性

　学校カウンセリングは、文部科学省の小学校学習指導要領 (文部科学省,2018a) によれば、「児童発達の支援」として、「4 児童の発達の支援 1 児童の発達を支える指導の充実 (1) 学習や生活の基盤として、教師と児童との信頼関係及び児童相互のよりよい人間関係を育てるため、日頃から学級経営の充実を図ること。また、主に集団の場面で必要な指導や援助を行うガイダンスと、個々の児童の多様な実態を踏まえ、一人一人が抱える課題に個別に対応した指導を行うカウンセリングの双方により、児童の発達を支援すること」として、ガイダンスとカウンセリングの双方の支援により、児童の発達を支える指導の充実と特別な配慮を必要とする児童への指導についての重要性を指摘している。

　また、文科省 (2018b) によれば、「児童のよりよい生活づくりや集団の形成に関する案内や説明等を基に、児童一人一人の可能性を最大限に発揮できるような働きかけ、すなわち、ガイダンスの目的を達成するための指導・援助を意味するものである」とし、学級や学校生活の適応やよりよい人間関係づくりについて述べている。また、カウンセリングについては、「児童一人一人の生活や人間関係などに関する悩みや迷いなどを受け止め、自己の可能性や適性についての自覚を深めさせたり、適切な情報を提供したりしながら、児童が自らの意志と責任で選択、決定することができるようにするための助言等を個別に行う教育活動である」と明記されている。さらに、カウンセリングとは「専門家に委ねることや面接や面談のことではなく、教師が日頃行う意識的な対話や言葉掛けのことである」としている。

　さらに、文科省 (2022) の生徒指導提要によれば、教育相談 (学校カウンセリング) は、学校のあらゆる場面において、児童生徒それぞれの発達に即して、好ましい人間関係を育て、生活によく適応させ、自己理解を深めさせ、人格の成長への援助を図るものであり、決して特定の教員だけが行う性質のものではなく、相談室で行われるものだけでもないと明確に定義づけしている。

　まさに、学校カウンセリングは、一人一人の児童生徒の教育上の問題について、すべての教師が児童生徒に接するあらゆる機会をとらえ、あらゆる教育活動の実践の中に活かしていくことが大切であり、学校教育の中核に位置づけられるのが学校カウンセリングである。このように、学校カウンセリングは教育機関である学校で実施され、すべての児童生徒の人格的発達援助を目標とし、児童生徒の人格発達を促すものであると定義づけることができよう。

アメリカ合衆国におけるスクールカウンセリング

　アメリカ合衆国においては、スクールカウンセリングをスクールカウンセリングプログラム国家基準として位置づけ、具体的な役割まで明文化している。キャンベルら (Campbell,C.,2000) によると、ASCA (American School Counselor Association；米国スクールカウンセラー協会) では、スクールカウンセラーを「生徒、教師、保護者、そして教育機関を援助する公認の専門教育者」と定義し常勤の専門教育者として位置づけている。その仕事は、発達・予防・治療を目標としている。

　そこでのスクールカウンセラーの役割として、
① カウンセリング (個別カウンセリング、小集団カウンセリングに分けられる)
② コンサルテーション [註1]
③ コーディネーション [註2]
④ ケースマネジメント [註3]
⑤ ガイダンスカリキュラム
⑥ プログラムの評価と開発
⑦ プログラムの提供
をあげている。ここでは、グループ・アプローチに関することについて、さらに詳しく見てみる。

　アメリカにおいては、カウンセリング活動を個別と小集団に分け、小集団カウンセリングは、2人以上の子どもたち (グループの大きさは通例5人から8人) にまとめて働きかける活動である。グループの話し合いは、構造化されない場合もあれば、構造化された学習活動を基本とする場合もある。グループメンバーには、相互に学び合う機会があり、メンバーは考えを分かち合い、フィードバックを受けたり与えたりし、自分たちの自覚を高め、新しい知識を手に入れ、技能を高め、自分たちの目標と行動について考えることができる。グループの話し合いが問題の中心となる場合は、特定の悩みや問題に注意が向かう。それが、中心となる場合は、一般的話題が個人的・学業的発達と結びつけられる。また、大集団のミーティングで、大規模のグループワーク (ソーシャル・グループワーク) を実践することもある。

　このように、アメリカにおけるスクールカウンセラーは集団を通しての援助を積極的に担っている。具体的には、スクールカウンセラー等の援助で、子どもたちがプログラム活動を何のために、何を、どのように行うかの話し合いに始まり、個人の集まりから仲間へと発展し、集団になっていく過程もある。

　ガイダンスとカウンセリングのカリキュラムは、組織された目標と活動から構成されるが、それらは学級活動か助言グループにおいて、教師かまたはカウンセラーに

よって提供される。スクールカウンセラーと教師は、活動しだいで、共同して指導してもよく、カウンセラーはそれぞれの学校の特定の発達上の問題や関心領域に注目させるような特別のガイダンス単位を開発して提示し、教師が一部のガイダンスとカウンセリングのカリキュラムを提供するための準備をする過程を援助するとしている。このように、グループに対するアプローチはカウンセラーの大事な役割として機能している。

　ASCAのスクールカウンセリングプログラムをそのまま日本に導入しようとしても、アメリカとは教育体制や学校組織が相違し、スクールカウンセラーが複数名常勤配置されているアメリカと同じように考えるには無理がある。しかし、アメリカにおける小集団や集団へのカウンセリングのように、日本においても学校カウンセリングの機能の1つとして、グループ・アプローチを体系化し、日本独自の教育体制や学校組織に定着されることが望ましいと考えられる。

グループ・アプローチの実践的研究

　わが国において、グループ・アプローチは、構成的グループ・エンカウンター（Structured group encounter）によって発展してきた(國分,1992,1994)。そもそも、エンカウンター・グループはロジャーズ（Rogers,C.R.,1982）の構成化されていない「非構成的エンカウンター・グループ（Unstructured encounter group）」が最初である。構成的グループ・エンカウンターと非構成的エンカウンター・グループは、エンカウンター・グループとグループ・エンカウンターを同義に解釈している場合も多い。本書では、ロジャーズが開発したエンカウンターの場合は「非構成的エンカウンター・グループ」とし、構成的の場合は「構成的グループ・エンカウンター」とした。

　エンカウンター・グループは、ロジャーズの「非構成的エンカウンター・グループ」とバンデュラ（Bandura,A.）やクルンボルツ（Krumboltz,J.D.）の理論による行動集団理論を背景として構造化された「構成的グループ・エンカウンター」の2種類に大別することができる。具体的な内容の相違は、「非構成的エンカウンター・グループ」は自由討議を主とした内容で、ルールの取り決めも少なく、リーダーの主導権が極度に低いことが特徴である。[註4]

　一方、「構成的グループ・エンカウンター」は用意したエクササイズ（プログラム）で作業や討議をするものである。組まれたエクササイズは参加者全体のレディネスに応じてその順序と時間配分、リーダーの介入具合を変えることが可能であり、心的外

10

傷を予防しやすい。また、構成化されているために、決められた時間内で行え、沈黙だけ続いて終わることもなく、内容的にも時間的にも空間的にも枠があるため、グループが荒れに荒れるということはない。したがって、熟練したリーダーでなくても比較的実行可能であるという特徴がある。

　この二分法は「エクササイズを使う・使わない」「構造を作る・作らない」といった特徴で分けられる傾向がある。しかし、一見構造化されていない非構成的エンカウンター・グループも、実際には固く構造化されているともいえる。場所・時間・人数・メンバーの進めたいように進めていくために「何も目的をもたない」などの独特の構造によって一定の構造化がされているからこそ、グループ体験が深まるという指摘もある（鎌田ら，2004）。現在では、さまざまなグループ・アプローチによる交流が盛んになるにつれて、非構成的エンカウンター・グループの中に非言語的なものも含んださまざまなエクササイズやセッションが取り入れられてきており、この構成・非構成の垣根は低くなってきていると考えられる。

　学校現場での取り組みとしては、グループ・アプローチを学級づくりと授業に活かすカウンセリング・テクニックとして指摘できよう。例えば、小林（2003）は、教育支援センター（適応指導教室）に通級している生徒に対して 2 年間のグループ・アプローチを行い、この結果、不登校生徒の自己認知や対人認知が変化したことを報告している。[註5] さらに、会沢（2022）は学級づくりの大前提として「ルール」と「リレーション」を兼ね備えた学級づくりを提唱している。「ルール」を縦糸として子どもが自発的に「ルール」を守ろうと思えるように、「リレーション」を横糸として教師が子どもを理解しようとするカウンセリングのスピリットを理解することにより、学級が安定することを示唆している　このように、グループ・アプローチは、まさに、個人と集団の成長発達が同時に行われる過程ととらえることができ、集団や個人に対し、有効な教育・成長、個人間のコミュニケーションと対人関係の発展と改善を図る心理的・教育的な援助活動として位置づけられる。

〈 引用・参考文献 〉
● 文部科学省　2018a　小学校学習指導要領
● 文部科学省　2018b　小学校学習指導要領解説　特別活動編
● 文部科学省　2022　生徒指導提要
● Campbell,C. ら　2000　中野良顯訳　スクールカウンセリングスタンダード　図書文化
● 國分康孝　1994　学校カウンセリングへの三つの提言　こころの科学, 58, 日本評論社
● 國分康孝　1992　構成的グループ・エンカウンター　誠信書房
● Rogers,C.R.　1982　畠瀬稔・直子訳　エンカウンター・グループ　創元社
● 鎌田道彦他　2004　学校現場における PCA Group 基本的視点の提案　心理臨床学研究, 22, 429-440

● 小林由美子　2003　不登校女子中学生に対する適応指導教室でのかかわり　心理臨床学研究 ,21,235-245
● 会沢信彦　2022　諸富祥彦編集代表　学級づくりと授業に生かすカウンセリング　ぎょうせい

〈 註 〉

註1：専門性や役割が異なる者が、子ども等の問題状況の解決や成長を目指して話し合う過程。2 人の専門家、一方をコンサルタント、他方をコンサルティの間の相互作用の過程で、具体的には、教育の専門家の教師（コンサルティ）が、心理の専門家であるサイコロジスト（コンサルタント）に、子どもの問題状況の解決を求めて行う話し合いなどを指す。

註2：カウンセラーは、子どもたちのニーズ査定や、心理検査等の解釈、教師や保護者の教育プログラムを調整（コーディネート）する役割がある。そのうえで、子どもたちに役立つ、さまざまな間接的サービスを管理し、学校と地域機関とのつなぎ手になる過程をいう。

註3：一人の子どもが、現在抱えている問題は何か、そのための援助をどのように行ってきたのか、結果はどうであったのかを資料も含めて管理し、適切な支援を行うことを目的としている。また、事例には、成育歴に関する資料、家庭環境に関する資料、情緒的な問題に関する指導、習癖に関する資料、友人関係に関する資料、身体の健康状況に関する資料、学校生活に関する資料、検査や調査の結果に関する資料、などがある。これらの資料は継続して、厳重に管理され、今後の支援に活かされることが重要である。

註4：非構成的エンカウンター・グループはただのおしゃべりとどう違うかとの疑問もあるが、非構成的とはプログラム化しないということで、自由討議を主としルールの取り決めも少なく、リーダーの主導権が極度に低いことが特徴である。その結果、長い時間 (場合によっては 2 日間から 5 日間) がかかることもある。それだけ深い体験ができ深い成果を得られることが多くある。詳しくはロジャーズの「エンカウンター・グループ」のビデオ等を見て理解を深めてほしい。

註5：不登校児童生徒へどのようなエクササイズができるかとの疑問については、それぞれ何が効果的かは構成メンバー等によっても違いがある。とりあえずは本書にあるような軽いエクササイズを実施し、様子を把握したうえで次の課題に進めることが望ましい。また、いじめ加害者に対するエクササイズであるが、加害者の意識変革のためのエクササイズとして、少年刑務所内においての実践が多くある。DVD 教材「いのちと死の授業−第 5 巻　少年犯罪をなくすために」の「いのちの大切さを実感するためのプログラム」を参考にしてほしい。

② グループ・アプローチの意義

　教師は、学級という集団で行われる授業・活動などの体験学習を通して、最終的に子どもたちの人格の形成を支援していく役割をもつ。これは、グループ・アプローチの実践である。学校現場で教師が個人のパーソナリティの完成を支援する観点から、グループ・アプローチの意義について説明する。

心を育てる意味と方法

（1）対人関係の中で心が育つ

　人間が心理社会的に発達をとげ、自己を確立したり、パーソナリティを完成したりするためには、その発達段階に見合った対人関係を体験学習することが不可欠である。

　対人関係は、その人の心のよりどころとして情緒の安定に寄与するだけではない。「他者」「自分」という視点は、人とかかわり合うことを通してはじめて生まれる。そして、自分というイメージは、他者から得る、自分に対するフィードバック（評価、励まし、叱責、肯定など）により形成される。

　したがって、自己の確立、パーソナリティの完成にいたるプロセスでは、いろいろなタイプの人とのかかわり合い、自分のいろいろな面を体感することが必要である。

　また、青年期に入る時期から、人は自分なりの価値観を形成するようになる。それには、自分は何を大事にしたいのか、どのように生きていきたいのか、という実存的な問題を語り合えるような対人関係をもつことが必要である。そのような仲間との交流により、自分に対するイメージが、自己概念として形づくられていく。

　そして、対人関係は、適度な負荷の中で、試行錯誤しながら体験的に学習されることが理想的といえる。つまり、社会の規則や道徳観を教え込むより、集団生活の中での対人交流を通して、自ら気づき、学び、身につけていくことがより重要なのである。

　対人関係を体験的に学習する方法として、グループ・アプローチは有効である。

（2）学級こそが心の教育の中心地

　学級という集団に所属して、授業やさまざまな活動に他の級友と共に取り組んだり、休み時間や給食などを共にしたりという一連の集団活動・生活は、単に公教育を効率化するためだけのシステムではない。

　学級集団は、学校における子どもたちにとっての社会であり、友人たちとかかわり合う中で自分の責任、個性を自覚し、自分らしく生きることを学習する場である。自分を確立していく場なのである。したがって、学級での活動は、心の教育の中心となる、とても大切な統合された教育プログラムといえる。

学校生活・活動それ自体が、学校教育の目的を具現化する、基本的な単位となる。その学級という単位で行われる授業や活動は、統合された教育プログラムの中の1つの部分集合である。

　授業や活動の中には、心の教育の要素である、対人交流が溶け込んでいるはずである。学級で行われる1つ1つの授業や活動に、級友たちと共に取り組むことを通して、最終的には自分の発達課題にも取り組んでいくことになる。それだけに、学級の子どもたちの人間関係の状態、学級集団の状況は、学習環境として重要な意味をもつ。

　学級経営は、心の教育の中心といっても過言ではない。グループ・アプローチにより心を育てる機能がより充実する。

教師と子どもとの関係

(1) 子どもから見た教師の存在

　子どもたちは、教師との人間関係を、友人関係の延長上、私的な二者関係のレベルからとらえる傾向がある。これは、家庭や地域で幅広い人間関係を体験学習していないため、ある程度公的な、役割を伴った相手との人間関係のもち方がわからないことが多くなってきたからであろう。

　そのため、教師と児童生徒たち一人一人の間に親和的な二者関係が形成されていない状態で、教師と児童生徒という役割状態を前面に出しすぎると、教師に対抗感をもってしまい、心を閉ざすことがある。教師と距離をとる、教師の指導や指示を素直に聞かないという態度や行動は、その結果として表れたものととらえられる。

　学級集団の育成の第一歩は、教師と一人一人の子どもとの二者関係づくりである。これはファシリテーターとして教師がグループ・アプローチを実施する場合の必要条件である。

(2) 二者関係づくりのポイント

　子どもたちは出会った相手に対して、概ね2カ月以内で自分なりのイメージを固定させる傾向がある。したがって教師との二者関係の形成においても、新学期での出会いから2カ月がとても重要である。ここで教師に否定的なイメージをもってしまうと、そのイメージにこだわって、1年間ずっと教師にかかわってくる。

　良好な二者関係を形成する秘訣は、4、5カ月の段階で、子どもたちに教師の人間的魅力を伝えることである。それがうまくいくと、子どもたちは自ら教師に心を開いてくるようになる。

　教師の人間的魅力とは、教師に対する親近感や、自分を受け入れてくれるという被受容感のことである。また、一緒にいると楽しい気分になれるという明朗性にひかれる場合もある。さらに、ものすごくサッカーがうまいなど、ある種あこがれ準拠性にひかれる場合がある。

　このような教師の人間的魅力は、子どもとのある程度のパーソナルな関係の中で伝わるものである。したがって教師はグループ・アプローチを実施する際に、学級全体の前で意識的に自己開示を行う必要がある。また同時に、一人一人の子どもとのちょっとしたかかわりの中でも自己開示を行うことが必要不可欠である。廊下で出会ったとき、休み時間の教室でほんの数分でいいと思う。

　このような教師との小さなかかわりの積み重ねが、子どもたちには重要である。

（3）人間的魅力と教師役割のバランス

　子どもは自我が未熟なので、教師に対して安心感をもち始めると、甘えてきたり、自分だけへの特別な対応を望んできたりするようになる。そういう形で人間関係を確認する。

　ここが次の段階へのステップである。子どもと同じレベルだけで対応していると、ふれあいがなくなってくる。子ども個人との関係と、学級全体の関係の中での関係にもギャップが出てきて、子どもも教師も葛藤してくる。

　そこで、子どもとの個人的な関係だけでなく、教え方のうまさなどの専門性、熱意などの熟練性をもとにした教師役割の魅力を伝えることができると、子どもは教師を教師として信頼できるようになる。例えば、構成的グループ・エンカウンターを実施する場合も、インストラクションをわかりやすく、興味をもてるように、楽しく行い、なぜ取り組むのかという意味を、その教師なりに語ることが教師役割の魅力を伝えることにつながる。

　教師の人間的魅力と教師役割の魅力を十分感じることができた子どもは、教師を一人の人間としてのモデルととらえるようになる。その結果、教師の指導や指示に自ら耳を傾けようとする。

　一人一人が教師との間に二者関係をしっかり築けていると、子どもは精神的に安定する。それが子ども同士の関係にも好影響を与え、教師は子ども同士の人間関係づくりを積極的に展開することもできる。2つの魅力の発揮の仕方について学習するには、ファシリテーターとしての教師をモデリングするとよいだろう。

集団を育てる意味と方法

（1）集団の力を活用した教育の必要性

　子どもたちを、学校あるいは学級という集団の中で教育するということは、大きなグループ・アプローチの１つである。

　グループ・アプローチとは、参加するメンバーの教育・成長を目指した、グループ、集団での生活体験である。

　その生活体験が、体験学習としての意味をもつようプログラムされているわけである。発達途上にある学齢期の子どもたちにとって、人とのかかわりが自己の確立に不可欠な要素であることを考えると、学校・学級での活動や生活という集団体験は、まさにグループ・アプローチそのものである。

　逆にいえば、子どもたちが学級での活動や生活を通して、集団体験の効果を得られないとしたら、その学級集団は単に知識や技能を効率よく習得する場でしかないということになる。子どもたちが知識や技能を習得する場や方法が、学校以外にもたくさんある時代である。子どもたちが学級の生活に感じる魅力も、相対的にどんどん低下してしまうだろう。

　したがって、集団を育てることの意味は、集団のもつ機能や特性を活性化させ、子どもたちにより多くの良質な集団体験を提供し、子ども一人一人を育むことである。

（2）個人と集団との関係

　個人と集団との関係はらせんのようになっている。学級を集団として育成することが子どもたち一人一人の育成につながり、子どもたち一人一人への対応が、結果として学級集団の育成につながっていくのである。

　集団とは、構成員個々の単純な総和以上の性質をもっている。また集団は全体として、一個人のように独特の個性をもっており、それがその集団の風土になる。そして、集団に所属する成員一人一人の行動は、その集団の影響を受けるのである。「朱に交われば赤くなる」というように、校外で非行グループとつきあっていくうちに、子どもが反社会的な傾向をおびていくのはその例である。

　同時に、集団は成員個々の行動や成員相互の関係性によって形づくられ、常に変化していく。例えば、４月当初に学級編成替えが行われた同じ学年の２つの学級でも、半年たった時点で、１組が親和的でまとまりのある学級集団を形成しているのに対して、２つ目の組は学級崩壊状態を呈してしまった、というケースもありうる。所属す

る子どもたちの関係のあり方で、集団が特定の方向に形づくられていくわけである。これらに配慮しながら、集団と個人のあり方を同時にとらえて育成していく必要がある。

　本書で紹介する構成的グループ・エンカウンターは個人と集団との関係を押さえたうえでプログラムを構成して展開できるので、個と集団を計画的に育成することができるのである。

〈 引用・参考文献 〉
● 安部恒久　2010　グループアプローチ入門　誠信書房　35-38
● 田上不二夫　2010　実践　グループカウンセリング　子どもたちが育ちあう学級集団づくり　金子書房　29-30
● 諸富祥彦編　2011　チャートでわかるカウンセリング・テクニックで高める教師力 1　ぎょうせい　4-5
● 会沢信彦・田邊昭雄編　2016　学級経営力を高める教育相談の技 13　学事出版　21-22
● 河村茂雄　2010　日本の学級集団と学校経営　集団の教育力を生かす学校システムの原理と展望　図書文化　65-66

③ グループ・アプローチと 児童生徒の発達

児童期・青年期の子どもの発達

　発達区分で考えると、小学生は児童期、中学生、高校生は青年期といわれる時期を過ごしている存在である。児童期、青年期には、それぞれに特徴的な変化や課題があり、人間関係の変化もその1つである。年齢が上がるにしたがって、友人とかかわる時間が増え、その重要さが増していく。友人関係の発達的変化については、調査や研究でもこれまでに次のようなことが指摘されている。

(1) 友人関係、仲間関係の発達的変化

　小学校に入学すると、友だちと過ごす時間が増え、友だちとの関係が子どもにとって重要になる。特に、児童期の後半になると、友だちとの関係はより重要さを増し、友だちと集団をつくって活動するようになっていく。保坂・岡村（1986）は、仲間関係をギャング・グループ、チャム・グループ、ピア・グループという3つに分類し、児童期から青年期にかけて仲間関係が変化していくと考えた。

　ギャング・グループは、特に小学校中学年頃から男子に多く見られ、同年齢、同性の数名がグループ（ギャング集団）をつくって遊ぶようになるもので、同じ活動をすることで一体感を感じることが重要になる。大人に禁止されている行動をしたり、仲間との規範を優先したりすることなどが見られ、凝集性が高く、排他性があることも特徴の1つである。この時期は「ギャングエイジ」と呼ばれる。チャム・グループは、中学生頃の女子に特徴的に見られると言われ、同じ趣味や関心を通じて関係が結ばれ、価値観が共有されている。いつも一緒に行動したり、おそろいのものを持ったり、自分たちがわかり合っていることを確認し合うことが行われている仲間集団である。ギャング・グループと同様に、チャム・グループも排他性をもつことが指摘されている。ピア・グループは、高校生頃に見られる仲間集団と言われ、ギャング・グループやチャム・グループとは違って、性別や年齢が異なるメンバーで集団をつくることもあり、互いの共通点や類似性を確認し合うのではなく、異質性も受け入れ、互いを認め合い、尊重し合えるような仲間集団である。

　近年では、ギャング・グループの消失やチャム・グループの肥大化、ピア・グループの変遷化などが生じていることも指摘されており（岡村, 2009）、子どもの仲間集団のあり方が以前とは異なってきているとも考えられるが、武蔵・河村（2021）の小学生から高校生までを対象とした研究では、子どもの仲間関係に保坂ら（1986）が指摘したギャング・グループ、チャム・グループ、ピア・グループに近似した特徴が見出さ

れている。男子ではギャング・グループの得点が、女子ではチャム・グループとピア・グループの得点が高く、男子は大人数での遊びをもとに友人関係を形成するのに対し、女子は友人との類似性を心理的に確認し、内面を共有し交流していることを指摘している。また、ギャング・グループは小学生で、チャム・グループは中学生や高校生で、ピア・グループは高校生でそれぞれ得点が高く、年齢とともに変化していくことが明らかになっている。こうしたギャング・グループ、チャム・グループ、ピア・グループが学校生活適応感や学級満足度とも関連することが指摘されており、友人関係や仲間集団での活動が子どもの適応にとって重要であることがうかがえる。

(2) 青年期の課題と友人関係

　青年期は、身体的変化や性的成熟が始まる 11、12 歳頃から始まり、社会的に自立する 25、26 歳頃まで続く(加藤，1997)。青年期には、思春期の発育スパートといわれるような著しい身体的変化と第二次性徴の発現による性的成熟を受容することも課題の 1 つになる。そして、大人としての体格や体力を得、さらに知的発達も進んで客観的に物事を考えることができるようになり、自分の考えをもつようになった子どもは、親からの自立を目指すようになる。ホリングワース(Hollingworth,L.S.)が「心理的離乳」(「家族の監督から離れ、一人の自立した人間になろうとする衝動」であり、乳児期の離乳と対比して心理面での離乳を表す)と表現したように、それまで依存の対象であった親から心理的に自立することもこの時期の課題である。

　しかし、青年は精神的にも経済的にも未熟であり、親に依存している部分が多い。そのため、自立にともなう不安や孤独、葛藤などを友人と支え合うことで、自立への道を進んでいく。また、青年期の課題として、アイデンティティの確立ということもある。松井(1990)は、友人には「安定化機能」、「社会的スキルの学習機能」、「モデル機能」があることを指摘している。友人は親からの自立にともなう不安や孤独を共有し、心理的な安定を支える役割を果たしてくれる存在でもあり、また自己理解や人とうまくつきあうための社会的スキルの学習を促進してくれる役割、自分とは異なる考え方を見せてくれるモデルになる役割を担ってくれる存在であり、青年期の課題に向き合ううえでも重要な存在である。

現代の子どもの友人関係

　子どもの友人関係は、「児童期・青年期の子どもの発達」で述べたとおり、年齢とともに発達し変化する一方で、時代とともに変化していることも考えられる。1980 年代

頃から人間関係の希薄化が指摘されるようになったが、さらに近年は SNS の発達によって人間関係のあり方が変化してきている面もある。子どもたちをとりまく状況も変化し、いじめや不登校の増加など子どもが安心して過ごすことが難しくなっている状況もあると思われる。また、学校や学級における人間関係について、子どもからスクールカーストといった表現が聞かれることも多くなり、子どもたちの学校や学級での居心地が気になることもある。現代の子どもの友人関係はどのようなものなのだろうか。

(1) 友人との関係について

　内閣府（2014）の「小学生・中学生の意識に関する調査」によると、友だちとの関係がうまくいっているかを尋ねる質問に「あてはまる」「まああてはまる」と回答した割合は小学生、中学生とも 95％をこえており、多くは友人関係がうまくいっていると感じている。一方で、「友だちとのつきあいが、めんどうくさいと感じることがある」割合は、小学生男子 12.6％、中学生男子 18.3％、小学生女子 15.1％、中学生女子 34.1％と、特に中学生女子で負担感が高くなっていることがうかがえる。また、Benesse 教育研究開発センター（2005）の調査では、悩みごとを相談できる友だちの数について、小学生、中学生、高校生共「2 〜 3 人」が約 4 割、「4 〜 6 人」が約 2 〜 3 割であるが、「いない」も小学生で 15.4％、中学生で 14.1％、高校生で 10.8％となっている。

　内閣府（2013）の「平成 24 年度　若者の考え方についての調査」では、全国 15 〜 29 歳の 3,000 名を対象に若者が抱える困難について調査を行っているが、「社会生活や日常生活を円滑に送ることができていなかった経験」について、「あった」27.4％、「どちらかと言えばあった」26.4％と、約半数の若者は困難を感じた経験があった。さらに、その理由について、「人づきあいが苦手だから」を選択した者が 52.6％、「何事も否定的に考えてしまったから」が 43.3％、「悩みなどを相談できなかったから」が 34.7％であり、困難を感じる背景には人間関係の問題が大きいことが推測される。

(2) 子どもをとりまく困難

　文部科学省（2020）によると、令和元年度のいじめの認知件数は、小学校 48 万4,545 件、中学校 10 万 6,524 件、高校 1 万 8,352 件とそれまでで最も多くなっている。いじめる側の心理として、社会的能力の未熟さや欲求不満、嫉妬などがあることが指摘されており、ソーシャルスキルを高めるような働きかけや、自己を理解し、

自分の感情をコントロールできる力を身につけるような働きかけが必要であることも考えられる。一人一人の子どもが居場所があることを感じられ、充実した生活を送り、自尊感情を高めていけるように支援していくことが求められる。

　次に、令和元年度の不登校児童生徒数も小学校で 5 万 3,350 人、中学校で 12 万 7,922 人、高校で 5 万 100 人とこれまでで最も多くなっている（文部科学省，2020）。不登校の要因について、「いじめを除く友人関係をめぐる問題」が主たるものであるのは小学校 10.2％、中学校 17.2％、主たるもの以外でもあてはまるものは小学校 5.5％、中学校 5.9％であった。不登校に関する追跡調査研究会（2014）の調査においても、不登校の要因として「友人との関係」は 52.9％と半数以上の者から選択されており、不登校の背景として友人関係の問題の影響が大きいことがうかがえる。

　また、近年、スクールカーストについての指摘も多い。学級内におけるグループ間の地位格差が「スクールカースト」と呼ばれるが（鈴木，2012）、スクールカーストの地位が高いほど学校適応感や学校享受感も高いことが指摘されている（水野・太田，2017；水野・柳岡，2020）。小学校から高校までの間では、中学校で最も序列化が意識されることも明らかになっている（石田，2017）。

児童生徒の発達から考えるグループ・アプローチの意義

　児童期や青年期を過ごしている子どもにとって、人とどのようにつきあっていくのかを知っていくこと、また各時期に向き合わなければならない課題を達成することを助ける存在として、友人は重要な存在である。また、友人関係や仲間集団は、学校適応感や学校享受感など子どもが日々感じる感覚にも関連している。それゆえ、友人関係や仲間集団でトラブルやうまくいかないことがあると、そのことが子どもを追いつめることもあり、不適応状態へとつながる可能性も少なくない。また、社会生活や日常生活を円滑に送ることができていなかったと思う理由として、「人づきあいが苦手だから」「悩みなどを相談できなかったから」ということが多く選択されており、友人関係を通して人とのつきあい方を学んでいくことや各時期の課題を達成していくことは、子どもたちのその後にも影響を与えることが推測される。

　しかし、年齢とともに友人関係や仲間集団のあり方は変化していき、子どもたちはその変化に対応していくことも求められる。また、友人関係や仲間集団が固定化し、それ以外のメンバーとの交流がなくなると、学級集団としてのまとまりやあたたかさが感じられなくなり、学級が居心地のわるい場所へと変わってしまうことも考えられる。

グループ・アプローチは、同じ仲間集団のメンバーとだけではなく、学級内や学校内のほかのメンバーとも柔軟に交流ができる取り組みである。また、楽しく行えるワークを通して、メンバーの考えや価値観、よいところにふれやすく、互いの違いを受けとめ、尊重し合うという関係を築きやすい。また、自分からは積極的に相談できない、交流できないという子どもにとっては、グループ・アプローチの取り組みによって、ほかのメンバーと自然にかかわる機会をつくれることが助けになることもあると考えられる。学習指導要領解説（特別活動編）の中で「自分に自信がもてず、人間関係に不安を感じていたり、好ましい人間関係を築けず社会性の育成が不十分であったりする状況が見られたりすることから、それらにかかわる力を実践を通して高めるための体験活動や生活を改善する話合い活動、多様な異年齢の子どもたちからなる集団による活動を一層重視する」と述べられている。

　　グループ・アプローチは、そうした活動を行う際の具体的な方法としても有効なものであり、子どもの発達に合わせて適切なワークを選び、実施することで、子ども同士の交流を促し、また子ども同士の関係性を教員が丁寧に把握していくことで子どもの成長を促進することができる取り組みである。

〈 引用文献 〉

● Benesse 教育研究開発センター　2005　第 1 回子ども生活実態基本調査報告書
　不登校生徒に関する追跡調査研究会　2014
　不登校に関する実態調～平成 18 年度不登校生徒に関する追跡調査報告書～

● 保坂亨・岡村達也　1986　キャンパス・エンカウンター・グループの発達的・治療的意義の検討　心理臨床学研究，4，15-26

● 石田靖彦　2017　各学校段階におけるスクールカーストの認識とその要因―大学生を対象にした回想法による検討―　愛知教育大学教育臨床総合研究センター紀要，7，17-23

● 加藤隆勝　1997　第 1 章　「青年」の由来と青年期の位置づけ　加藤隆勝・高木秀明編　青年心理学概論　誠信書房

● 松井豊　1990　友人関係の機能　斎藤耕二・菊池章夫編　社会化のハンドブック　川島書店

● 水野君平・太田正義　2017　中学生のスクールカーストと学校適応の関連　教育心理学研究，65，501-511

● 水野君平・柳岡開地　2020　中高生の「スクールカースト」と学校適応、顕在的・潜在的自尊心、仮想的有能感との関連の検討　パーソナリティ研究，29，97-108

● 文部科学省　2020　令和元年度児童生徒の問題行動・不登校等生徒指導上の諸課題に関する調査

● 武蔵由佳・河村茂雄　2021　小学生、中学生、高校生における友人関係の発達的変化に関する研究　学級経営心理学研究，10，43-52

● 内閣府　2014　平成 25 年度　小学生・中学生の意識に関する調査

● 内閣府　2013　平成 24 年度　若者の考え方についての調査（困難を抱える子ども・若者への支援等に関する調査）

● 岡村達也　2009　発達段階と友だち関係―ギャング、チャム、ピア　特集　友だちができない子　児童心理，63，18-23

● 鈴木翔　2012　教室内カースト　光文社

第2章

グループ・アプローチの活用

① レジリエンスと グループ・アプローチ

レジリエンスとは

　レジリエンス（resilience）とは、つらい環境やストレス状況の中でもうまく適応し、心理的な落ち込みや傷つきから立ち直ることのできる力のことである。わたしたちの身体はけがをしても、時間が経てばかさぶたが作られて治る自然治癒力をもっているが、心も本来そうした回復力、すなわちレジリエンスをもっている。しかしながら、このレジリエンスはスムーズに機能する時もあれば、なかなかうまく発揮されずに、つらい状況の中で立ち直れなくなってしまう時もある。そのため、近年の教育現場においては、子どもたちがこれからの学校生活でつらい状況に直面した時に、打ちのめされずに前に進んでいけるためのレジリエンスを育成する予防的な教育が注目されている。

　レジリエンスは、その個人がもつレジリエンス要因とよばれる要素によって促進されるため、レジリエンスの育成にあたっては、それらのレジリエンス要因を身につけていくための介入が行われる。レジリエンス要因には大きく個人要因（生物学的な要素や気質、性格、スキルなど）と環境要因（その個人の周囲にあるリソース）があり、生まれもった要因から発達の中で獲得していく要因まで幅広く存在することが明らかになっている。教育現場においては、その中でも教育や介入によって育むことのできる可能性をもつスキルの育成が特に重要視されている。

レジリエンス教育におけるグループワーク

　レジリエンスを促進するための教育プログラムは、主に海外で開発され、徐々に日本にも導入されるようになってきた(Kibe et al., 2020など)。プログラムの多くは、認知行動療法の技法をベースに、ストレス状況において適応的なとらえ方をしたり、感情を上手にコントロールできることを目指すような内容が含まれている。プログラムはたいていの場合クラス単位で行われるため、多くの場合グループワークやペアワークを含んでいる。グループワークにはさまざまな利点があり、例えば、ストレスへのよりよい対処法のアイデアを皆で出し合ったり、それぞれの立ち直り経験をシェアする中で今後自分にも活用できるヒントを得ることができたりする。

　中でもグループワークが特に有効なのは、それぞれのもつレジリエンス要因をフィードバックし合うようなワークである。例えば、「強み」（Peterson & Seligman,

2004）のワークは、人のもつ 24 種類の「強み」（創造性、好奇心、向学心、誠実さ、公平さ、リーダーシップ、チームワーク、許す心、柔軟性、大局観、勇敢さ、忍耐力、謙虚さ、思慮深さ、感謝、自制心、思いやり、愛情、熱意、対人関係力、審美眼、希望、ユーモア、スピリチュアリティ）の中から、自分のレジリエンス要因となる「強み」を見つけるものであるが、自分で自分の「強み」を自己認識することはなかなか難しい。

　そもそも日本文化においては、「自分のことをポジティブに評価する」ことが難しい人が多い。その背景には、自尊感情の低さ（Schmitt & Allik, 2005）や、関係性の中で個人の独自性を軽視しやすい文化的特徴（Markus & Kitayama, 1991）があることが指摘されている。したがって、ペアワークやグループワークを通して他者からの肯定的評価をうけることで間接的に自己評価を高めるようなワークが取り入れられることが多い。友人や先生から「あなたにはこういう強みがある」とフィードバックしてもらうことで、自分の気づかなかったレジリエンス要因への気づきにつなげることができる。フィードバックにおいては、お互いをよく知り、共に経験を共有した仲間からの言葉であることが重要であるため、出会ってすぐではなく、協力して取り組んだ行事やイベントの後や、年度の後半に実施できるとより効果的であろう。

　このように、クラスメイト同士や、教員と生徒がお互いのポジティブな側面を評価し合うようなワークを行うことは、それぞれが自分のレジリエンス要因を認識し、レジリエンスを育んでいくことにつながるだけでなく、クラス全体にあたたかい風土を醸成することにもつながると言える。

「ほめ」合うグループワークの注意点

　しかし一方で、このようにクラスメイト同士でお互いのよいところを評価し合ったり、教師からポジティブ面をフィードバックされるようなワークがスムーズにいかない場合もある。

　小学 1 年生の児童を対象に行った研究では、先生と 2 人きりの時にほめられた時の感情と、クラスの皆が見ている時にほめられた時の感情についてインタビューを行った結果、ほとんどの生徒がほめられることについては「うれしい」と答えつつも、クラスの皆が見ているときにほめられると「恥ずかしい」「緊張する」といったネガティブな感情が生じる場合があることが報告されている（青木, 2009）。大学生を対象に行った調査では、授業の課題をほめられる場面を想定したとき、同級生からほめ

られる場合には、相手が誇張していると受けとめやすかったり、居心地が悪くなったりする場合があることが示された。特に、「他者から否定されたくない」という思いが強い人は、ほめ言葉に対して複雑な感情が喚起されやすく、素直に受け入れにくいことや喜ぶことが難しい傾向にあることが示唆されている（小島, 2013）。

　したがってレジリエンス教育のグループワークにおいて、お互いのよいところを「ほめ」合うようなワークは、比較的安全に導入できるものではあるものの、必ずしもポジティブな感情だけでなくネガティブな感情が引き起こされる可能性にも留意し、適切な個別フォローを行うことが重要である。

レジリエンスを育むグループ・アプローチのポイント

　レジリエンス教育においては、前述した「強み」を見つけるワークのように、個人のもつレジリエンス要因への気づきに焦点を当てたワークが行われることが多い。しかし、レジリエンスを育むという視点において最も重要なことは、その個人が「自分を大切に思う」まなざしをきちんと育めるようにすることである。レジリエンスは、単にポジティブに生きるための力ではなく、つらい状況の中で心理的に傷ついた状況で必要な力である。人は、つらい状況の中でひどく傷ついている時には、「自分なんてもうどうでもいいや」「自分にはもうどうすることもできない」というように自尊心や自己効力感が損なわれてしまっていることが多い。そこからレジリエンスを発揮するためには、まずは「自分を大切に思う」心を回復し、「少しなら状況を変えられるかもしれない」という自分への信頼をもつことが重要になる（Schwarzer & Warner, 2013）。したがってグループワークにおいても、そうした「自分を大切に思う」気持ちが育まれることを第一に優先できることが望ましい。

　グループワークを通して「自分を大切に思う」気持ちを育むことは、そう簡単なことではないが、1つのポイントとして、ワークの中でレジリエンスの個別性・多様性を強調すること挙げられる。大学生に対して実施された、"自分のレジリエンス"を見つけることを目指したグループワークでは、さまざまな「正解のない」ワークの回答を、参加者同士でシェアリングすることを通して、自分と他者のレジリエンスの違いを実感してもらった。その結果、参加者のレジリエンスの違いに関心をもち、そのさまざまなあり方を具体的に知ることで、レジリエンスの多様性が実感できたこと、それによって自分のレジリエンスを他者と比較することなく認めようという姿勢をも

つことができたこと、そのうえで、他者のレジリエンスの方法も新たに取り入れてみようという気持ちも促され、レジリエンスをさらに拡げることにもつながったことが報告されている（平野, 2022）。

　「レジリエンスを促進するためのアプローチ」というと、実践者も参加者も「レジリエンスを学ぶ」というモチベーションをもちやすいが、そうした姿勢でのワークではどうしても「できない自分」（例えば、「物事をポジティブに考えられない」「人に助けを求められない」など）に苦しむ人が出てしまう。レジリエンスにおいて最も重要な、「自分を大切に思う」気持ちを育むためには、まずは人それぞれのレジリエンスのあり方を実感する中で、自分のレジリエンスを認められるようなグループワークを行うことが効果的であろう。

〈 引用文献 〉
● 青木直子　2009　小学校　1 年生のほめられることによる感情反応：教師と一対一の場合とクラスメイトがいる場合の比較　発達心理学研究, 20, 155-164
● 林寺陽子　2015　性格について「ほめる」・「ほめられる」状況における心理的反応と自己・他者の捉え方との関連：認知的・感情的側面に着目して　龍谷大学大学院文学研究科紀要, 37, 97-117
● 平野真理　2022　レジリエンスの多面的プロフィール作成プログラムの検討―非対面・非同時性のグループ・アプローチを用いて―　東京家政大学研究臨床相談センター紀要, 22, 53-71
● Kibe, C., Suzuki, M., Hirano, M. & Boniwell, I. (2020). Sensory processing sensitivity and culturally modified resilience education: Differential susceptibility in Japanese adolescents. PLOS One, 15(9), e0239002.
● 小島弥生　2013　相手と状況がほめ言葉の受けとめ方に与える影響　埼玉学園大学紀要 人間学部篇, 13, 83-96
● Markus, H. R., & Kitayama, S. (1991). Culture and the self: Implications for cognition, emotion, and motivation. Psychological review, 98(2), 224.
● Peterson, C., & Seligman, M. E. P. (2004). Character strengths and virtues: A classification and handbook. New York: Oxford University Press/Washington, DC: American Psychological Association.
● Schmitt, D. P., & Allik, J. (2005). Simultaneous administration of the Rosenberg Self-Esteem Scale in 53 nations: exploring the universal and culture-specific features of global self-esteem. Journal of personality and social psychology, 89(4), 623.
● Schwarzer, R., & Warner, L. M. (2013). Perceived self-efficacy and its relationship to resilience. In Resilience in children, adolescents, and adults (pp. 139-150). Springer, New York, NY.

② 構成的グループ・エンカウンターと グループ・アプローチ

　教育も、個性の尊重、自己指導力の育成、教育現場ではいじめ、不登校への対応など変化への対応が求められている。いま教育において、子どもたちの人間関係をつくりながら、一人一人のその人らしい特徴を見つけ、伸ばすための手段が必要とされている。構成的グループ・エンカウンターは教師が取り組みやすいグループ・アプローチの1手法である。

構成的グループ・エンカウンターとは

　構成的グループ・エンカウンター（Structured Group Encounter：SGE）とは、①リーダーによるインストラクション　②参加者の思考・感情・行動に揺さぶりをかけるための演習であるエクササイズ　③参加者の思考・感情・行動を修正・拡大するためのふりかえりであるシェアリング、以上の3部からなるグループの教育力を利用した体験学習的サイコエデュケーション、もしくは集団対象の能動的カウンセリングである。「エンカウンター」の日本語訳は「出会い」であるが、構成的グループ・エンカウンターにおいて「出会い」とは、通常より深いレベルでの「自己との出会い」と「他者との出会い」を意味する。

　IT産業の発展によってもたらされた現在のネット社会の進展により、子どもたちは、ある意味において一人で生きやすくなった。怒られる体験も、迷い悩む体験も、かつての子どもたちのようには体験しないまま、思春期まで育ってくる。一方で、対話しながら人間関係を形成し、その中で、自他の違いを知り、そのことによって自己を発見したり、他者を理解したりするという機会も著しく減っている。

　エンカウンターは、人間関係をつくることと、人間関係を通して自己を発見することや他者を理解することである。学校は本来グループ活動の場である。学校には多様な子どもたちがいる。しかも成長するのに必要な一定年数在籍する。だから、グループ活動に意味が出てきて教育的な実践が可能になる。多様な成員からなるグループには個々人の成長を促す教育力がある。構成的グループ・エンカウンターは、学校特有の教育力を活用したグループ・アプローチの手法である。

エンカウンターで子どもは何を体験するか

（1）エンカウンター体験とは

　構成的グループ・エンカウンターのグループ体験で人がエンカウンターするもの、それは他者の存在と自己の内面である。両者は相互作用的なものであり、相乗的に促進されていくものである。

　他者の存在とのエンカウンターは、ふれあいのある人間関係、リレーションの体験として、他者理解、人間理解の深まりとして実感されるだろう。また、自己の内面とのエンカウンターは自己発見・自己理解の深まりとして、自己受容（ありのままの自分をまずまずよいと思えること）を伴いながら促進されるのである。

　他者とのふれあい体験は、自己受容感を強め、今まで意識的・無意識的に向き合わないようにしていた、自分の影になっていた面に直面する勇気を喚起し、その結果、自己理解が深まっていく。同時にそういう形での自己理解の深まりは、他者の存在を受容する面を育み、他者理解も促進する。

（2）他者からの受容と自己受容

　自己理解と他者理解の促進は、学校教育の中で子どもを育成していくうえで、必要不可欠なものである。

　自己理解の深まりは人格の完成になくてはならないものであるし、他者理解は社会の中で生きていく個人にとって、同様に重要なものだからである。両者は相乗的に深まっていく。自己を理解するためには、自分を対象化するための他者が必要不可欠であるし、他者を理解するためには、その試みをしている自己のありように大きな影響を受けるので、自己理解ができなければ、真の他者理解にはならないからである。

　自己理解と他者理解が十分深まっている人とは、自己受容が十分できている人である。自己受容ができていればこそ、自己の影の部分も自分なのだと受け入れることができ、トータルな自己理解が深まる。また自己受容ができていればこそ、無意識の感情に引きずられて他者をみることもなくなるので、他者理解が深まるのである。

　では、自己受容ができている人とはどういう人であろうか。それは、今まで十分に他者から受容される体験をしている人であろう。その中で、自分は自分でいいと、等身大の自分が受容できるのである。これは大人も子どもも関係ない。むしろ、発達途上の子どもだからこそ、他者から受容される体験は、とても重要なのである。

　学校教育で構成的グループ・エンカウンターを活用するとは、まさに子どもたち一

人一人が、独自な価値ある存在として教師や友人から十分受容され、認められるようにしようということであり、それがすべての第一歩である。それは教育の原点でもある。そしてそのための機会と場と方法を、豊富に効果的に設定しようという取り組みそのものである。

教育現場の求めに応えうる 構成的グループ・エンカウンター

(1) 子どもたちの居場所づくりとなる

　孤立しがち、仲のよい友だちがいない、自信がもてないなど人間関係に困難を感じる子どもは多い。そうした子どもたちに対して構成的グループ・エンカウンターは居場所づくりの効果がある。ふれあいを通して自己理解を深めるので、子どもたちにあたたかな人間関係をつくるからである。

　自他を理解し、認める関係ができれば、それは存在の肯定になる。肯定的に認め合う関係が、あたたかな人間関係づくりとなる。すると、子どもたちが安心できる居心地のよい場所を提供できるようになっていく。また、共通のエクササイズを体験した子どもたちは、集団への帰属意識が高まっていく。特に不登校、いじめ、問題行動を抱えた子どもたちに対して、心の居場所づくりは最重要課題である。

(2) 集団内の規範意識が高まる

　構成的グループ・エンカウンターを実施すると、集団の規範意識が高まる。子どもたちはふれあいによる感情交流を伴いながら、ルールの意味を体験することになる。

　構成的グループ・エンカウンターはルールを大切にする。ねらい達成のためにも、エクササイズの心的外傷を防ぐためにも、リーダー（教師）がメンバー（子どもたち）にルールを遵守させる（例えば、2人1組、課題は3分でなど）。構成的とは枠があるという意味であり、ルールは枠の1つである。

　構成的グループ・エンカウンターにより集団の凝集性が高まった集団は、共通の思考を育む。そこで経験する感情交流は、心の開き合いとなり、仲間意識となる。仲間意識の高まった集団は、お互いを受け入れる居心地のいい集団となる。居心地のいい集団内でできた規範意識は、守りやすいものとなる。守る規範ではなく、大切なみんなのための規範になるからである。

（3）短時間であたたかな人間関係ができる

　構成的グループ・エンカウンターを実施すると、子ども同士、保護者同士、教師同士、教師と子ども、教師と保護者のあたたかい人間関係を短時間でつくることができる。なぜなら、構成的グループ・エンカウンターは、あたたかな人間関係（リレーション）づくりとふれあい体験からスタートするからである。

　この体験が他者理解や他者受容を生み、感受性の促進や信頼体験となる。これらを体験すると、互いを思いやるあたたかな人間関係が形成される。

　さらに、構成的グループ・エンカウンターを体験して参加者自身が感じたあたたかさが、参加者同士に相互作用する。こうした体験から、自己防衛の壁が低くなり、人と人とのつながりができ、あたたかな人間関係が短時間に形成される。

（4）自己認知の拡大がなされる

　構成的グループ・エンカウンターを実施すると、参加者の自己認知が拡大し、自己肯定感が高まる。これはシェアリングでなされる自己開示と、仲間からのフィードバックによって、「自他にオープンな自己」が拡大される。

　構成的グループ・エンカウンターでは、参加者のリレーションをつくり、ふれあい体験の中で、自分を見つめるエクササイズを展開する。自己を見つめることによって、自己発見をさせようとするのである。その結果、なされる自己開示は、自己理解を深める。自己理解を通してなされる自己開示は、自己の内面をオープンにする。

　また、エクササイズやシェアリングの中でメンバーからなされるフィードバックは、自己盲点への気づきを促す。このことが、自他にオープンな自己の拡大につながる。自分が人生の主人公になって生きていこうとするとき、自他にオープンな自己が増えるほど生きやすくなる。隠し立てやうしろめたさをもたずにすむからである。

（5）豊かな心が育まれる

　心を「他者に対する反応」と定義するなら、心が育つとは、人と人との関係の中で反応の仕方を理解し、それを実行できるようになることにほかならない。

　構成的グループ・エンカウンターでグループ体験をすると、子どもたちは、集団内での役割遂行によって行動や考え方のモデルを見出しやすくなる。反応の仕方のモデル（模倣の対象）を多く知ることができるからである。人と人との関係を通して自己を見つめることができる。

　構成的グループ・エンカウンターには、人を癒す効果もある。これは、自己のよき

理解者を得られるからである。自分をわかってくれる人がいると癒しが促進される。

（6）教師を育て教師を援助する

　構成的グループ・エンカウンターには教師を育てるノウハウが多く詰め込まれている。構成的グループ・エンカウンターが有する、リーダーシップの原理、集団への対応の仕方、介入の仕方、個別対応の仕方、コミュニケーションの仕方、観察の仕方、自己主張・自己開示の仕方、抵抗への対処法などは、教師力向上のポイントでもある。また、構成的グループ・エンカウンターは、リーダーとなる教師が自分の力量や参加者の現状を踏まえて、自由にプログラムやエクササイズを選択できるようになっている。参加者のレディネスやモチベーションに応じた進行の仕方や、実施内容のレベルを調節できる。時間に応じてプログラムを編成できる。グループサイズも調整できる。また教具を用いずに実施できるものも多い。

〈 引用・参考文献 〉
● 國分康孝　2018　構成的グループ・エンカウンターの理論と方法：半世紀にわたる探求の成果と検証　図書文化　2-13
● 武蔵由佳　2013　構成的グループ・エンカウンターによる心理教育的援助　風間書房　18-19
● 大友秀人・水上和夫　2019　エンカウンターに学ぶグループ学習10のスキル　図書文化　37-40
● 國分康孝・片野智治　2001　構成的グループ・エンカウンターの原理と進め方：リーダーのためのガイド　誠信書房　25-26
● 片野智治　2003　構成的グループ・エンカウンター　駿河台出版社　144-149

③ オンラインを用いた グループ・アプローチ

テレビ会議システムを用いた オンライン・グループワークの実践

2020年、新型コロナウイルスの感染によって多くの学校で登校規制がなされ、各自自宅から参加するオンライン授業が実施された。心理支援も例外ではなく、オンラインによるアプローチが模索されながら実践されてきた。本節ではそうしたオンライン・グループ・アプローチの実践例として、テレビ会議システムを用いた実践の流れを紹介しながら、ファシリテーターに求められる配慮や工夫、注意点等を説明する。

(1) システムの準備

ファシリテーターは参加者に対して、事前に準備すべき事項をアナウンスする。インターネット環境は言うまでもないが、推奨するデバイス（PC、タブレット、スマートフォン）、できる限り静かで周りを気にせずに参加できる場所、ワークに使う用具などを準備してもらう。デバイスについては、手軽なスマートフォンから参加しようとする人が多いかもしれないが、スマートフォンの場合、テレビ会議システムとその他の画面の切り替えが煩雑であることや、画面が小さいために参加者の顔ぶれを見渡すことができないといった制約が大きいため、PCからのほうが参加しやすいと思われる。音声マイクやカメラについては、原則としてオンにできる環境で参加してもらうことが望ましく、その旨も事前に伝えておく必要がある。しかしながら、個室からの接続がかなわず、他の家族の声や姿が映り込んでしまうことが避けられない場合もあるため、カメラオンが難しい人は事前に個別に申し出てもらうようにするとよいだろう。さまざまな家庭の事情をもつ参加者が存在することに十分に留意し、カメラや音声のオンを強制することはしてはならない。また、その事情を必要以上に問いただすことのないようにする。そして、当日、テレビ会議に接続するためのURLやパスワード、当日に接続トラブルが起きた時の連絡先をアナウンスしておく。

(2) ワークの事前準備

オンライン・ワークでは、タイムラグやトラブルで中断する可能性があったり、一人一人に感想を聞くのに時間がかかったりするため、対面実施時よりも余裕あるタイムスケジュールを組むほうがよい。対面実施であればホワイトボードに示しておくような教示や注意事項を、パワーポイント等のファイルで表示させて進行するため[(図1)]、その資料を準備する。ファシリテーターが画面を切り替えてしまうと、参加者は前の

情報を見ることができなくなってしまうため、教示を見落としてしまったり、今、何をやっているのかわからなくなってしまうことが多い。そのため、その日の流れや手順を記した資料を配布資料として準備し、開始前に配布できるとよい。

図1　スライドの画面共有による進行

（3）開始

　ファシリテーターは、時間に余裕をもってテレビ会議システムに接続し、カメラをオンにして待機しておく。接続トラブルでアクセスができないという問い合わせへの対応によって、他の参加者を待たせてしまうこともあると想定し、既に接続した参加者が待っている間に取り組めるようなミニワークなどを準備しておくとよいかもしれない。予定の時間になり、参加者がおおむね集まったら、ファシリテーターより音声や画面がきちんと表示されているかの確認や、ワークで使う準備物や配布資料を確認してもらうようアナウンスする。画面の表示設定においては、発言者の顔がクローズアップされる設定ではなく、参加者全員の顔を並べて表示できるギャラリービュー設定にしたほうが、効果的にワークを進めやすい。可能であれば参加者の名前を一人ずつ呼び、一言ずつ声を出してもらうチェックインを行うことで、参加している感覚をもってもらいやすくなるだろう。

　また、チャット機能やリアクションボタンなどの使い方についても紹介し、テストで何かを書き込んでもらうことも効果的である。テレビ会議システムでは、対面実施時のようにファシリテーターに目配せをしたり、そっと手を挙げるといったことができないため、ワークの途中で何か困ったことがあったらチャット機能でファシリテーターにメッセージを送ってもらうよう伝えておくと親切である。

（4）進行

　準備が整ったら、いよいよワークを開始する。オンラインの場合、各自で作業に取り組んでいるうちにワークの目的を見失いやすいため、はじめにワークのねらいを明確に伝え、共有しておくことが重要である。チャット機能を使い、ワークの教示や指示を文字で示しておくことも有用である^{（図2）}。

図2　カメラの工夫／チャット機能の活用

　ワークの種類によって進め方はさまざまであ

るが、各自が何かの作業に取り組むようなワークの場合、作業中は非常に静かな状況になる。それぞれが自分の作業に集中することも悪くはないが、同じ空間を共有しているわけではないため、仲間と共に取り組んでいるという感覚は乏しくなる。その際、グループワークの感覚をもってもらうためにできることとしては、第一にファシリテーターが独り言のように言葉を発したり、様子を見ながら参加者に声掛けをすることである。参加者の名前を積極的に呼ぶことで、参加感覚をもたせることができ、他の参加者もメンバーの存在感を感じることができる。グループの人数がそこまで多くない場合であれば、ミュートを外して自由に会話をしてもらうよう促すこともできるだろう。また、絵を描くようなワークであれば手元を映す[図2] ことも効果的である。

ワークの途中で遅刻者が参加した場合や、途中で接続トラブルが生じた参加者には個別の対応が求められるため、あらかじめ準備した資料を活用してスムーズに指示やフォローができることが望ましい。

(5) アプリケーションの活用

テレビ会議システムと併用して、さまざまなアプリケーションを使うことで、より豊かなグループワークを実施することが可能になる。例えば、ブレイクアウトルームとよばれる小グループ作成機能を用いることで、2 〜 3 名で意見交換を行ったり、課題に取り組むことができる。対面に比べてオンラインでは発言のハードルが高く、意見や感想を交換しにくいが、小グループになればなるほど発言がしやすくなるため、時間を区切ってできるだけ多くの参加者と意見を交わせる機会を設けられるとよいだろう。

また、オンライン・ホワイトボードを用いて、意見や感想を付箋に貼ってシェアしてもらうことも有用である[図3]。匿名であることで、より自由に自分の意見を表明することができる。さらに、オンライン・ホワイトボードを用いれば、スクイグルのような共同作業を行うことも可能である。

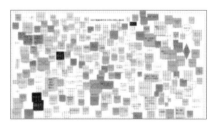

図3　オンライン・ホワイトボード

(6) 終了・フォロー

ワークの終わりには、取り組んだ成果をシェアできるよう、カメラに向けて作品を見せてもらったり、発表してもらうとよい。繰り返しになるが、オンラインのワークでは、共に取り組む感覚やグループに参加している感覚をもちにくい。そのため、で

きるだけ全員に、最低でも1回は発言してもらえるようにファシリテーターが感想を求めるなどの工夫を行うとよいだろう。

　修了後に、フォームなどを用いて個別に感想アンケートを求めておくと、個別にフィードバックを行うことができたり、ファシリテーターの知り得ないところで生じていたネガティブな体験に対するフォローが可能になるため有用である。

オンライン・グループワークの限界と可能性

　オンライン・グループワークの流れの一例を紹介しながら、工夫すべき点や注意すべき点について確認した。オンラインという制約の中で、グループ・アプローチの重要な要素であるつながりの感覚や、所属感、安心感をいかに体験してもらえるかがファシリテーターに課せられた課題である。そのためには、まずはできるだけ参加によるネガティブな体験が生じないようにすること、すなわち取り残された感覚や、孤独感を感じさせないように、全員に対する目配り、声掛け、フォローを、対面実施時以上に心がけていく必要があるだろう。

　このように見ていくと、オンラインでのグループ・アプローチは対面に比べてデメリットが多く、ファシリテーターの負担も大きいため、「仕方なしに」実施する形態であるように感じるかもしれない。実際に、オンラインで対面アプローチの要素をすべてカバーすることは不可能であるが、一方でオンラインだからこその利点も存在する。例えば、神経症傾向の高い人や内向的な人は、オンラインでの匿名のやりとりのほうが、対面交流よりも積極的なコミュニケーションをとりやすい傾向があるという (Ross et al., 2009)。対面のグループワークでは緊張や苦しさを感じやすい人も、オンラインであればより積極的な対話ができる可能性があるだろう。また、先に紹介したオンライン・ホワイトボードなどは、ワークを行っていない時にも常時、意見を交わせる場としてオープンにしておくことができる。そのように、ゆるやかにつながりを感じ続けられる「場」をつくることができるのも、オンラインならではの機能である。今後は対面とオンラインを併用しながら双方のよい面を活用していくことが期待される。

〈引用文献〉
● Ross, C., Orr, E. S., Sisic, M., Arseneault, J. M., Simmering, M. G., & Orr, R. R. (2009). Personality and Motivations Associated with Facebook Use. Computers in Human Behavior, 25(2), 578-586.

Q グループ・アプローチを行う際、話を聞いてくれなかったり、反応が薄い時はどうするのでしょうか？

A まず、グループ・アプローチで取り組む内容やワークが子どもたちの状態や課題に合った内容になっているか、ワークを進めていく教員と子どもたちの信頼関係づくりができているか、子どもたちにグループ・アプローチの活動を行うための導入や説明が十分にできているかなどを検討してみるとよいかもしれません。子どもたちにとって、難しすぎる内容であったり、あまり楽しいと感じられない内容であったりすると、活動に取り組む意欲ももちにくくなります。また、子ども同士の関係づくりが全くできていない場合にも、互いに緊張や不安が高くなり、取り組みにくくなることが考えられます。

　子どもたちの状態に合わせて丁寧に導入や説明を行い、さらに子どもたちの仲間づくりが促され、楽しさを感じられるようなウォーミングアップ、アイスブレイキングのワークを取り入れて、緊張や不安を十分にほぐしていきます。場合によっては、少人数のグループでのワークから始めていきます。そして、子どもたちがワークの進め方をしっかり理解できるように教員がやり方をわかりやすく説明し、モデルを示すことも必要です。また、もし可能であれば、ほかの教員や大学生、上の学年の子どもたちに参加してもらい、説明をするときに補助してもらったり、活動のモデルを示してもらったりすることや、子どもたちのグループや子ども一人一人の様子を見守り、丁寧に声をかけてもらえるような体制をつくることも有効です。

Q 言葉を出して行うワークの際に、緊張などで言葉を発するのが苦手な子がいる場合はどのように対応してあげるのが適切ですか？

A ワークを行う前に、緊張をほぐすようなウォーミングアップやアイスブレイキングを丁寧に行い、できるだけ不安をやわらげ、子ども同士が互いに親しみを感じられるような体験をしてから始めることが大切です。また、最初から人数の多いグループを設定してワークを行うと緊張が高まりやすく、言葉をさらに発しにくくなることが考えられますので、まずは2人で組んで話し合う、その後に2人のペアを2つ組み合わせて4人のグループをつくって活動するといったように少しずつグループの人数を多くしていくと、同じグループの子どもの力も借りやすく、少しずつグループでの話し合いにも慣れていくことができるかもしれません。そのほかにも、非言語コミュニケーションを用いるワークを行う、小さなホワイトボードやタブレットを使うことで言葉を書き込んで見せ合うようにするなど、言葉を発することを必要

としないワークを行って、言葉を発するのが苦手な子の負担を軽くしながら、コミュニケーションをとることの楽しさを感じられるような機会を増やし、少しずつ活動に慣れてもらうこともよいと思います。どうしても参加が難しい場合には、書記の役割や時間を計る役割をしてもらうなど、言葉を発することをあまりしなくても活動に参加できる役割を担ってもらうこともよいのではないでしょうか。

Q エンカウンター・グループに参加意思の低い子どもが参加することで心理的損傷を受ける可能性がある、というのは、具体的にどういうことでしょうか。

A ファシリテーターは、誰でも参加できるエクササイズであるかどうかを考える必要があります。人ができるのに自分ができないと（例：自己開示能力には個人差がある）エンカウンターが苦になってしまいます。身体的に無理なら観察役や教具の配布係にするとか、知的に無理なメンバーがいたら、非言語的表現でも伝達可能なエクササイズにするか、「パス」と言ってよいルールをつくるなど、臨機応変の策を講じる必要があります。

Q エクササイズを行っている際に、こうしたほうがよさそうという考えが浮かんだら指導案にはないアクションを起こすことがありますか？

A リーダーはプログラムを事前に予定していたとしても、集団の状況（リレーションの深まり具合など）がそれに合致しない場合には、予定したエクササイズを変更したほうがよいでしょう（折衷主義）。リーダーは参加者の様子を把握して（アセスメントして）、その実態に即してエクササイズを変更します。つまり、自己本位ではなく、メンバー本位で、対応を柔軟に変えていくのです。そのため、リーダーはプログラムを柔軟に変更できる力が必要といえます。

Q 日本人の性格に合わせた独自のグループ・アプローチのエクササイズなどはあるのでしょうか？

A 授業に構成的グループ・エンカウンターを導入するねらいは、1つは授業がしやすいような共感的関係づくりや参加意欲を高めることです。例えば、2

人1組となり前の時間に学んだことで理解していること、よくわからないことを話し合い、そのあと分かち合いを行い、人間関係づくりをするなどです。もう1つは、授業のねらいの達成のために活かすことです。例えば、歴史上の人物のエゴグラムを作成して、その理由を話し合い、感じたこと、気づいたことを分かち合います。

　このように構成的グループ・エンカウンターは、授業に似ていて、教師にも子どもにもなじみやすいため、学校の先生ならば、初めての人でも十分に実施できます。教師だからこそできるカウンセリングであるため、スクールカウンセラーが主体になって進めることはないかと思います。構成的グループ・エンカウンターに参加しないからといって成績には響きません。そのことはしっかりと子どもに伝える必要があります。

Q 生徒と教師の関係だと、生徒は「参加しなければ成績に響くのではないか」と考えてしまうと思います。全く利害関係のないスクールカウンセラーが主体となって、グループ・アプローチを進めたほうが効果的なのでしょうか？

A 構成的グループ・エンカウンターは、ふれあいと自他発見を目標として、学習者の教育課題（「心の居場所づくり」「心の教育」「生きる力」「ガイダンス機能の充実」など）の達成を目的にして、当該校のカリキュラム（授業や学級、学年集会の場面など）の枠組みの中で実施されます。カリキュラムの枠組みの中でという意味は、「授業」という枠組みの中で展開される、例えば、進路指導（キャリア教育、人権教育、総合的な学習、教科指導）の中でも展開されます。つまり、当該授業の目標を達成するための補助手段として活用されるのです。したがって、当該授業の目標達成が優先され、構成的グループ・エンカウンターの目標や目的の達成について、一義的には問われません。このことを子どもたちにしっかり伝えておけば、「成績に響くのでは」という不安からは解放されます。

Q お互いにほめ合うエクササイズなどで、発言している本人はほめているつもりの内容でも、悪口ともとれる内容になっている場合は、どのような声掛けをするのが適切ですか。

A これは教師が介入すべきタイミングです。その場で解決する必要があります。教師自身が補助自我（分身的な役割を果たす人）になり、嫌だったことを本人が言えるように助ける必要があります。また、言ってしまった子どもには、言われ

た人がどんな気持ちになるのか伝えましょう。

　こうした介入をしやすくするため、教師は日頃の子どもの発言をよく聞き、行動を観察しておく必要があります。そうすると、その子の問題点は何か、必要なところは何かが見えてきます。

Q 相談しても親に伝わることがわかっているから誰にも相談できずに悩んでいる子どもたちも多いと思いますが、そのあたりはどのように配慮されているのでしょうか？

A 構成的グループ・エンカウンターは「人生の主人公は自分である」という考えに基づいています。「自分のつらい気持ちは他人にわかるわけがない」。こういうつらい思いは、人生を否定的にとらえる原因になります。これを改善するために、構成的グループ・エンカウンターを実施する際、教師は子どもの心的外傷を防ぐためにカウンセリング技法を活用するとよいでしょう。教師が子どもを受容することで、リレーションが形成され、子どもの自己開示が促進されます。また、教師から支持されることにより、人生に自信をもち、自分にも味方がいる、理解者がいると思えるようになります。すると、「親に伝わるのでは」という不安が徐々に解消されます。

グループ・アプローチ の実践

❶ からだの中心を知る 15分

1 感覚と実際の行動の違いを知る

　授業中の頬づえや猫背など、姿勢が気になる子どもは多くみられる。本来、人間のからだは骨格によって支えられるべきだが、姿勢の崩れなどにより、からだの重心がずれ、骨格の軸に体重が乗らず、結果として筋肉がからだを支えることになる。もともとからだを支える役割をもっていない筋肉に負担がかかるため、筋肉は緊張したまま固まり、「コリ」に変化する。子どもの場合、からだの中心（軸）がずれる原因は、テニスや野球など左右非対称にからだを使う運動習慣によるものや、悪い姿勢や頬づえ・足組みなどの悪い生活習慣によるものが大きい。悪い姿勢（フォーム）は見た目も悪く、気力やからだの動きに悪影響を及ぼす。

　本節では、日常の姿勢の悪さや立ち位置のあいまいさに気づくことにより、子どもに「自分のからだのズレや歪み」の意識をもたせ、それを取り除くという動機づけをして、子どもが本来もっているからだのパワーや、自分のからだに対する好奇心を引き出す。また、作戦会議でそれぞれの行動パターンの中から原因を考えて、そこから生活習慣の改善に役立てる。きれいな姿勢で学校生活を送り、けがの予防や、集中力・学習効率の効率化、健康的なからだづくりのきっかけとして活かしたい。

2 ねらい

（１）自分の歪みを、自分で緩和できることを体験することができる。
（２）自分と友だちのからだに関心をもち、生活習慣を見直してバランスのよいからだをつくることができる。
（３）「自分の感覚」と「実際の行動」の違いを体験し、自分の思い込みで友だちとの気持ちのズレが起こる可能性があることを理解することができる。

3 グループ構成

　グループ活動は２人組で行い、作戦会議は２組４人で行う。

④ 指導案

	学習活動	指導上の留意点
導入 3分	・本時のねらいと約束を聞く。 「自分のからだに関心をもち、生活習慣を見直して、健康な生活を送りましょう」 ・2人組をつくる。	・結果に個人差が出るが、他人の欠点としてからかわないことと、周囲の安全確認を怠らないことを伝える。
展開 8分	・床に中心の点を決めて立つ。 ・目を閉じたまま、中心点からずれないように、その場で足踏みを50回 行う。 ・自分の感覚と実際の違いを知ろう！ さて、自分の移動距離は……？ ・作戦会議で、それぞれの行動パターンの中から原因を考え、そこから生活習慣の改善に役立てる。 ・移動してしまう原因（重心、骨盤の歪み、軸のズレ等）を考え、原因を克服するために、自分の生活をコントロールするにはどうしたらよいかアイデアを見つける。	・周囲にぶつかる物がないようにする。 ・パートナーには、実践者が動きすぎて人や物にぶつかりそうになったら、事前に止めるように指示を出す。 ・通常は足踏みで足元が多少は移動する。移動が少なかった場合は、「とてもバランスが取れている」とほめる。 ・きれいな姿勢で学校生活を送り、けがの予防や、集中力・学習効率の効率化、健康的なからだづくりのきっかけとして活かす。 ・原因や対策がなかなか出ない組には、ヒントを与える。
まとめ 4分	・作戦会議の班で、実践の感想を話し合う。 「実践してどんな感じがしましたか？」 「自分の生活習慣の中で、具体的に変えられそうなことは何ですか？」 ・代表者が発表する。	・個人差があることを理解できたか。 ・足踏みから「自分の感覚」と「実際の行動の違い」を体感したことを、自分の思い込みで周囲とのズレが起こることのたとえとして指摘する。

⑤ 留意点

（1）個人差が出るが、他人の欠点としてからかうことなく、個性として受けとめる。

（2）非対称の顔や胸で悩んでいる子どももいるので、からだは若干の左右の差があり、部位によっては自分で矯正できることを伝える。

（3）きれいな姿勢がよいことについての情報を与える。「筋肉や関節の負担が少ないのでけがをしにくい」「代謝がよくなるので、集中力や効率がよくなる」「代謝がよくなるので太りにくいからだができる」「一流のスポーツ選手は姿勢がきれい」「姿勢の悪さでたるんだ部分に体脂肪がつきやすい」等。

（4）まれに脊柱側わん症や平衡感覚に起因する病気が原因で移動が大きい場合もあるので、移動が大きすぎる場合は、養護教諭や保護者に相談したほうがよい。

❷ クリスマス・プレゼント 90分

❶ お互いを認め合い、成長を感じる機会に

　12月はクリスマス。4月からの学校生活を通して友だち関係も深まり、すっかりクラスの1員として溶け込み、一人一人のもっている良さをお互いに認め合える、そんなクラスでありたいと誰もが願う時期でもある。そして、自分自身の成長を感じとり、友だちの頑張っている様子や行動から新たな発見が導き出される時期でもある。

　そこで、クリスマス・プレゼントにちなんで、メッセージカードに、「今まで気づかなかった友だちのいいところ」「頑張ってきたこと」「できるようになったこと」などを書いてプレゼントすることによって、温かい肯定的な気持ちをもち、他者・自己理解をより深めていくことができる手立てとしてこの活動を紹介したい。

❷ ねらい

● **クリスマス・プレゼントグッズづくり**

（1）イメージをふくらませて、楽しい雰囲気をつくることができる。

（2）興味・関心をもって活動に参加することができる。

（3）友だちと積極的にかかわる場をつくることができる。

● **メッセージづくり**

（1）クラス内に、温かい雰囲気をつくり出すことができる。

（2）友だちのよいところに目を向け、他者理解を深めることができる。

● **お楽しみづくり**

（1）自分自身を認めてもらうことで、自尊感情を高めることができる。

（2）友だちのよいところに目を向け、他者理解を深めることができる。

（3）自分自身をより深く知ることで、自信をもって行動していける気持ちをもつことができる。

表：サンタさん用台紙の表紙

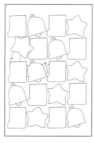

裏：サンタさん用台紙

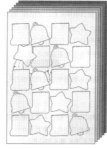

メッセージカード用紙
台紙と同じ形を色画用紙
6色に印刷したもの

サンタさん用袋

❸ 指導案

	学習内容	指導上の留意点
導入 5分	・本時のねらいと約束を聞く。 「グループの友だちと協力して活動しよう」「作業は1つ1つ丁寧に進め、最後まできちんと仕上げよう」 ・8人グループをつくる。	・グループは、男女混合が望ましい。 ・本時で使う道具の確認をする。 ・雰囲気を和らげ盛り上げるために、クリスマスソング（BGM）を流す。
展開① 45分	**クリスマス・プレゼントグッズ、メッセージづくり** ・サンタさん用台紙（表）の色ぬりをする。 ・台紙（裏）と同じ形を7人分（自分を除いて）色画用紙6色から選んで切り、メッセージカードとして、グループの友だちにメッセージを書く。 ・サンタさん用袋を作る。 ・書き終わったメッセージカードは、黒板に貼ったサンタさん用袋に入れていく。	・台紙（裏）の形は、あらかじめ10個印刷しておき、また、同じ形を色画用紙6色に印刷しておく。 ・メッセージは、具体的に書くように伝え、丁寧に仕上げられるように見守る。メッセージカードには、自分の名前を忘れずに書かせる。 ・サンタさん用の袋が貼れるスペースを黒板に示しておく。 ・黒板に貼る際、自分の名前が書いてあるか確認させる。
展開② 30分	**お楽しみタイム** ・全員のメッセージが書き終わったか確認し、黒板に貼ってある自分のサンタさん用の袋を取りに行く。 ・袋に入ったメッセージカードを自分の台紙に貼る。 ・友だちからのメッセージを読んで、思ったこと、感じたことをグループ内で発表する。 ・家族に書いてもらうメッセージカードを選び、台紙に貼っておく。	・グループで協力し合いながら作業を進めさせていく。 ・あわてずにメッセージを貼らせる。 ・友だちの発表後は、みんなで「よかったね」と言って拍手させる。 ・メッセージカードに印刷されている残りの3個分は、後日、家族に書いてもらうように伝えておく。 ・担任は、各グループに時間を決めて入り、様子を見守る。
まとめ 10分	・グループごとに発表する。	・グループごとに代表の発表者を決めさせる。

❹ 留意点

（1）グループで協力し合いながら作業を進めているか確認する。

（2）あわてずに丁寧に作業をさせていく。カードを切ることが苦手な子どもがいる場合は、グループ内で手助けしてあげられるように声かけをしていく。

（3）メッセージカードの記入に困っている子どもがいる場合は、適時助言していく。

（4）メッセージカードの感想を発表する際は、しっかり話が聞けるように見守る。

❸ なぞの島へレッツゴー　90分

1　仲間と協力して1枚の絵を作り上げる

　この実践は、1枚の絵を作り上げることを通して、仲間との物理的・心理的距離感を縮めることをねらいとする。1本の黒い線でできた島の形から、自分のイメージをふくらませ、クレヨンという柔らかい画材で幼児的退行を促すねらいもある。柔らかい画材は、絵の稚拙を問うことを少なくさせ、また、ダイナミックな線を生じさせるきっかけとなることも多い。

　さらに、友だちの描かれる線を通してふれあうことができ、言葉に表しがたい感情や普段交わされることが少ない子ども同士の交流も見受けられることもある。描いた作品は、子どもの無意識の心理状態を表していることもあるが、グループで取り組むことにより、互いに抑制が効き、バランスのよい無意識の表出となることが多い。しかし、常に、描画活動では第三者的存在（教師の存在）は欠くことができない。グループが安全に心地よく活動するためには、その場でのグループの変容を温かく見守る存在が必要なのである。

2　ねらい

（1）絵を描くことを通して、自分の思いを表現しやすくする。
（2）仲間と協力して絵を描くことで自分や仲間を理解するきっかけづくりをする。

3　グループ構成

（1）3〜4人グループをつくる。
（2）クラス全体で行う。

4　事前の準備

　各グループにつき、ラシャ紙（表面がザラザラした大判の紙）1枚と黒油性ペン（太字）1本、子ども1人につき、クレヨン12色程度を用意する。

❺ 指導案

	学習内容	指導上の留意点
導入10分	・本時のねらいを確認し、活動における約束をする。 「グループみんなで絵を描きます。絵の上手下手は関係ありません。ワクワク楽しく友だちと絵を描いてみましょう」 ・自己紹介して、絵を描く順番を決める。 「一緒に絵を描く仲間と握手をし、ジャンケンをして描く順番を決めます」	・約束として、仲間の嫌がることはしないこと、先生の指示をしっかりと聞くことを伝えておく。 ・ウォーミングアップとして一緒に活動する仲間と円陣を組むのもよい。
展開65分	・黒油性ペン 1 本を順に回し、利き手と反対の手で線を描き、1 つの形を作る。 「まっすぐな線でも曲がった線でもいいです。1 本描いたら、次の人にペンを渡して、線を延ばしてみんなで 1 つの形を作っていきましょう」 ・ラシャ紙の周りに立ち、描いた形の周りをあらゆる角度から眺める。 「この不思議な形は、"なぞの島"です。仲間とその島へ探検に行きましょう」 ・好きな場所に座り、各自、島を描く。 「どこから探検してもいいですよ。道に迷いそうになったら、仲間に助けを求めましょう。では、探検開始です」 ・描き終わったら、再度、ラシャ紙の周りに立ち、あらゆる角度から島を眺める。 「鳥に変身して、どんな島か見てみましょう」	・ペンが 2 周する時に 1 つの形が出来上がるように声かけをする。 ・ラシャ紙の周りに立ち、描いた島の周りをあらゆる角度から眺める。 ・立ち止まったり、しゃがんだりと視点の高さを変えることで島の印象が変わることを伝えてもよい。 ・島について、グループで話し合いながらイメージを広げてもよいことを伝える。 ・絵を描き終える時間も明確にしておくとよい。
まとめ15分	・描き終えた絵を見て、各グループで話し合う。 「どんな島かお話を作ってみましょう」 「一緒に探検した仲間とどんな島か話し合って、島に名前をつけてみましょう」	・時間があれば、島の名前を考え、グループごとに発表してもよい。

❻ 留意点

（1）指導者は、参加が難しい子どもに対して無理に描かせるというよりも、描けないのならば、「近くに行って一緒に見ていよう」という声かけが必要である。

（2）絵が苦手な子どもや評価を気にする子どももいるので、指導者は実施前に「上手に描くのが目的ではなく、周りの友だちともっと仲良くなるために絵を描くんだよ」など、事前の説明が必要である。

（3）指導者は、描いた絵についてワーク後に他者に話さないよう秘密を守ることを約束する。

❹ グルグル線から見つけたよ 〔90分〕

① 心理的距離を縮めるきっかけに

　この実践は、前節と同様に、1枚の絵を作り上げることを通して、仲間との物理的・心理的距離感を縮めることをねらいとする。しかし、前節と異なり、子どもたちが自ら1本描きの線（なぐりがき）を描くことから始まる。この線を利き手と反対の手で描くことにより、意識的な操作が少なくなり、描いている子どもにとっても予想外の線になる可能性もあり、それも楽しめる活動である。仲間の描いた線を選ぶことも、グループ内の心理状況を刺激する。何気なく描いた線が仲間に選ばれ、その仲間のイメージにより1枚の絵に変容していくからである。

　1つの線を仲間がどうとらえるかという投影的な活動は、形見つけ遊びの要素もあり、高学年の子どもも楽しんで取り組むことが多い。この活動は、単なる描画活動に比べ、子ども間の心理的葛藤も生じやすいと考えられる。しかし、この葛藤を活かし、1枚のラシャ紙に改めて再構成することが、絵を介して子どもが歩み寄り、心理的距離を縮める有効な手段となることもある。各自が描いたものを1枚の絵に再構成する時にはさみで切ったり、描き足したりすることで互いの感情のバランスを図るのも重要である。なお、はさみを使う作業もあるため、前述のワークよりも第三者的存在（教師）が積極的に介入していく必要も高い。

② ねらい

（1）友だちが描いた線を見て、自分の思いを表現する。
（2）仲間と協力して絵を描くことを通して、自己理解、他者理解を深める。

③ グループ構成

（1）3～4人グループをつくる。
（2）クラス全体で行う。

④ 事前の準備

　各グループにつき、ラシャ紙1枚、水性カラーペン1箱、子ども1人につき、八つ切り画用紙2枚、クレヨン、はさみ、のりを用意する。

❺ 指導案

	学習内容	指導上の留意点
導入 10分	・本時のねらいを確認し、活動における約束をする。 「グループみんなで絵を描きます。絵の上手下手は関係ありません。ワクワク楽しく友だちと絵を描いてみましょう」	・約束として、仲間の嫌がることはしないこと、先生の指示をしっかりと聞くことを伝えておく。
展開 65分	・水性カラーペンの中から好きな色を選び、画用紙に利き手と反対の手で好きな線を描く。 「まっすぐな線でも曲がった線でもいいです。1枚の紙に1本だけ好きな線を描きましょう」 ・メンバーの線が描かれた画用紙をみんなで見た後、他のメンバーの描いた画用紙を2枚選ぶ。 「いろいろな方向から、仲間や自分が描いた線を見てみましょう。そして好きな線を2枚選びます」 ・選んだ線を見て、イメージしたものをクレヨンで描く。 「じっと見つめていると何に見えてきますか。思いついたものをクレヨンで描いてみましょう」 ・描いた絵をはさみで切る。メンバーと話し合ったうえで、それをラシャ紙に貼り、描き足すなどして1枚の絵として完成する。 「絵を見て、描き足したいところがあったら、ラシャ紙にクレヨンで描き足してみましょう」	・八つ切りの画用紙を1人につき2枚配布する。 ・画用紙1枚につき、思いついた簡単な線を1本描くようにする。 ・画用紙の向きを変えながら、描かれた線を眺めるように声かけをする。 ・この時点で描いた絵をはさみで切り抜くことを伝えておく。 ・イメージがつかみづらい子どもは、メンバーと相談してよいことを伝える。 ・ラシャ紙をちぎったり、折ったり、しわを作ったりしてもよい。 ・絵を描き終える時間も明確にしておくとよい。
まとめ 15分	・出来上がった作品を見て、メンバーと話し合い、せりふを書き込んだり、物語を作ったりする。 「出来上がった絵から、どんな物語が生まれてきましたか。グループで話し合いましょう」	・グループで1つの物語にまとまらない場合は、一人一人の物語を大切にするよう配慮する。

❻ 留意点

（1）指導者は、参加が難しい子どもに対して無理に描かせるというよりも、描けないのならば、「近くに行って一緒に見ていよう」という声かけが必要である。

（2）絵が苦手な子どもや評価を気にする子どももいるので、指導者は実施前に「上手に描くのが目的ではなく、周りの友だちともっと仲良くなるために絵を描くんだよ」など、事前の説明が必要である。

（3）指導者は、描いた絵についてワーク後に他者に話さないよう秘密を守ることを約束する。

❺ 4つの線の物語 ⬤60分

❶ グループが1つにまとまる

　この実践は、前節の「グルグル線から見つけたよ」の簡易版である。ちょっとした時間の合間や異学年での交流、もしくは保護者会の導入等、活用するのも面白い。前節のグループワークと異なり、はじめから、1本描きの線（なぐりがき）が4種類ほど用意されている。自分で好きな線を選ぶことができ、各自の描いた絵が、起承転結のように4枚の絵で言語化することは子どもにとってもさほど難しくはない。描画の活動時間が比較的少ないため、絵に対して苦手意識を抱いている子ども、対人的な緊張度の高い子どもに比較的向いている描画活動である。

　それぞれが描いた絵を1つの物語にしてまとめる作業が、グループの一体感を増す話し合いとなることが多い。

  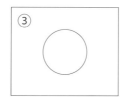 

❷ ねらい

（1）与えられた4つの線の中から気になるものを選び、自分のイメージを表現する。
（2）仲間と協力して絵を描くことを通して、自分や仲間を理解しようとする。

❸ グループ構成

（1）4人グループをつくる。
（2）クラス全体で行う。

❹ 事前の準備

　各グループにつき、4種類の黒い線が描かれた画用紙（八つ切り画用紙の半分の大きさ）を4枚1セット、子ども1人につきクレヨン、色鉛筆を用意する。

⑤ 指導案

	学習内容	指導上の留意点
導入 5分	・本時のねらいを確認し、活動における約束をする。 「グループのみんなで、ある作品を作ります。絵の上手下手は関係ありません。自由に楽しく友だちと絵を描いてみましょう」	・約束として、仲間の嫌がることはしないこと、先生の指示をしっかりと聞くことを伝えておく。
展開 45分	・4種類の描かれた線の中から、自分の気になる画用紙を選ぶ。 「画用紙の向きを変えて、いろいろな方向から線を見て、気になる線を1つ選んでください」 ・選んだ線を見て、イメージしたものをクレヨンで描く。 「じっと見つめていると、何に見えますか。思いついたものをクレヨンで描いてみましょう」 ・描き終えた4つの作品を並べて、1つの物語を作る。 「仲間と話し合って、4つの絵を好きなように並べて1つの物語を作りましょう」	・4種類の黒い線が描かれた画用紙4枚1セットを各グループに配布する。 ・状況によって配布する画用紙を増やしてもよい。 ・画用紙の向きを変えながら、描かれた線を眺めるように声かけをする。 ・イメージがつかみづらい子どもは、メンバーと相談してよいことを伝える。 ・絵を描き終える時間も明確にしておくとよい。 ・物語を作る時は、絵を描き足さず、吹き出しを使い、言葉で補うようにする。 ・グループで1つの話にまとまらない時には、一人一人の物語を大切にする。
まとめ 10分	・完成した作品を見て、話し合う。 「出来上がった作品を見てどういうふうに感じたかをグループで話し合いましょう」	・いかなる結末であっても、教師は必ずその物語を聞き取ることが重要である。

⑥ 留意点

（1）指導者は、参加が難しい子どもに対して無理に描かせるというよりも、描けないのならば、「近くに行って一緒に見ていよう」という声かけが必要である。

（2）絵が苦手な子どもや評価を気にする子どももいるので、指導者は実施前に「上手に描くのが目的ではなく、周りの友だちともっと仲良くなるために絵を描くんだよ」など、事前の説明が必要である。

（3）指導者は、描いた絵についてワーク後に他者に話さないよう秘密を守ることを約束する。

❻ 指ひも瞬間移動　　10分

❶ 指先を使った遊びで楽しむ

　子どもたちにコミュニケーションづくりを指導する場合に、言語的な言葉での表現能力が苦手な子どももいる。そんな子どもに指先を使った遊びで互いの気持ちを通じ合わせたり、楽しんだりする技術を教えたい。

　本節では、子どもたちが互いに喜ぶ遊びのうちの1つを紹介する。初めての出会いの演出や、人間関係の深まりの糸口に活用してみてほしい。

❷ ねらい

（1）手を遊びに使ってコミュニケーションづくりをする。

（2）ちょっと不思議な気持ちがわいてくる。

（3）わかるとうれしくなり、やってみたくなる積極性が生まれる。

❸ グループ構成

　グループ活動としては学級集団を対象としている。子どもたちが互いに確認したり話し合う場合は、4〜5人をグループとして活動する。

❹ 留意点

（1）両手や両腕を使った楽しい遊びである。しかし、両手が器用に動かせない子どもがいたりした場合は、器質的なものか単なる訓練不足のものなのかを事前に掌握しておきたい。

（2）指先を動かすことは、脳への刺激としては最適なものであり、何回も練習するごとに反応スピードが速くなる。指ひも瞬間移動は、身近にあるもの（ネクタイピンなど）を利用して、即興でできるマジックである。

5 指導案

	学習内容	指導上の留意点
導入 1分	「指にかけた毛糸のひもが、瞬間的に右から左へ、左から右へと移動します」と言葉で誘導する。 「じっし集中して見てください」	・子どもたちの意識を指に集中させる。 ・言葉で毛糸の動きをイメージ化させる。
展開 7分	・中指に毛糸をからませて、図のようにかまえる。 ・もう片方の手は、子どもたちのほうから指の移動が見えないように、ステージとして使用する。 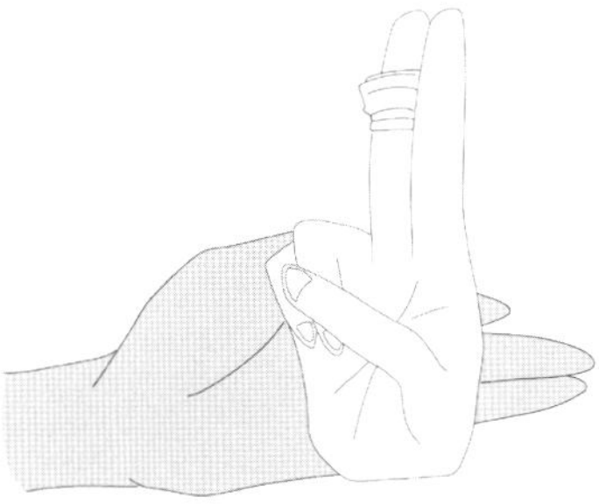 ・毛糸を結んだ手をステージに隠したとき、素早く人差し指と薬指の曲げ方を交換する。 ・観客側から見た場合、ひもが入れ替わって見える。 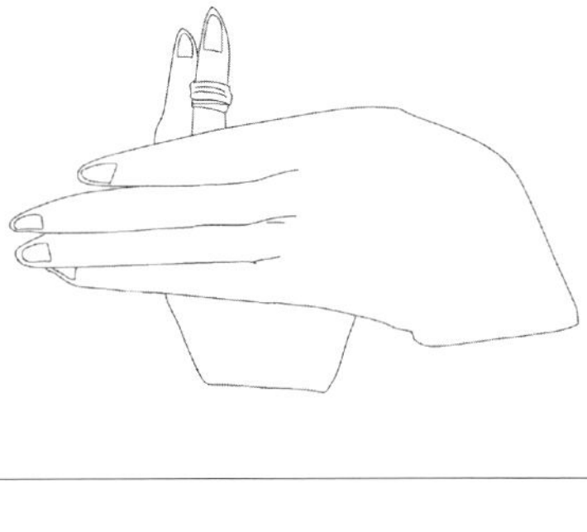	・「一瞬でひもが移動します」と暗示する。このイメージ化が成功の秘訣である。 ・指の移動と、手の上下の移動のバランスが大切なので、事前に練習をしておくとよい。
まとめ 2分	・「このマジックの仕組みを考えてみよう」と言う。 ・気づきの早い子はすぐに仕掛けに気づいてしまう。 ・「気づいた人は、自分でやってみよう」と毛糸を渡して実際に挑戦させる。 ・頭の中で考えたことと、実際にやってみると難しいことがわかってくる。 ・根気よく練習を進め、家庭でやってみせるように言う。	・この仕掛けになかなか気づかない子もいるので、ゆっくりとやってみせたり、仕掛けを説明したりする。 ・行動化することの難しさに気づかせる。

❼ わたしの好きなハート

❶ 折り紙で自己開示と感動を

　今から20年くらい前の子どもたちは、折り紙にふれる機会が多かったと思う。休み時間になると、机の中や折り紙袋の中から取り出して遊ぶ光景が見られたものである。では、今の子どもたちはどうかというと、折り紙を全く知らない子と、よく親しんでいる子と、大きな差があるように見える。しかし、折り紙になじんでいない子でも、折り紙の活動を体験することで、その楽しさや達成感を味わえるようである。

　クラスで折り紙を行うことの効果には、次の4つがある。

　①教え合い　②集中力　③色のセンス　④感動

　この実践は、③と④にかかわるものである。折り紙には、何種類もの色があるので、色の組み合わせ方によって感じが違ってくるものである。また、どんな色を使うか考えたり選んだりすることによって、色に対する興味がわいてくる。そして、平面の折り紙が立体になったり、思わぬところで裏の色が出てきたり、自分で使えるものが作れたりと、完成した時の感動がある。

　「わたしの好きなハート」の実践では、新学期になって不安な気持ちで教室に入ってきた子どもたちが、100色の折り紙の中から好きな色を選ぶことで、自己開示をすることになる。担任にとっても、子どもたちを知る第1歩となるであろう。

❷ ねらい

（1）新しいクラスの中で、自己開示をすることができる。

（2）クラスの仲間との最初のふれあいをもてる。

（3）保護者とのコミュニケーションのきっかけとする。

❸ 事前の準備

　始業式前に、ハート型の折り紙を折って並べておく。「100色折り紙」というのが市販されているので、その折り紙を使うと微妙な色の違いがわかる。

④ 指導案

	学習内容	指導上の留意点
導入 3分	・本時のねらいと約束を聞く。 「今日から新しいクラスになりましたね。先生からみんなにプレゼントがあります。ここにあるハートです。翼がついていて、これからこのクラスではばたくみんなにぴったりでしょう」	・新しいクラスになったということを意識づけるような明るいあいさつをする。 ・折り紙は、あらかじめ給食台などの上に広げて置いておき、入室した時に見えるようにしておく。
展開 15分	・ジャンケンをして、折り紙をもらう。 「グループの代表にジャンケンをしてもらって、勝ったグループから取りにきてください」 ・もう1回ジャンケンをして、家の人の分をもらう。 「では、もう1回やります。今度は、家の人へのプレゼントです。どんな色が好きそうか、考えて選びましょう」	・グループ代表を決めるジャンケンは、初めてのグループ活動なので、とまどっているグループに声かけする。 ・「折り紙パネル」で、選んだ色の名前を調べられるようにしてもよい。
	・選んだ理由を発表する。 「その色を選んだわけを教えてくれるかな？」	・無理にではなく、自由に発表させる。
まとめ 2分	・今日の日記に書くことを知らせる。 「今、発表できなかった人がたくさんいるので、今日の日記に書いてみましょう。家の人が言ったことも書けるといいね」	・最初の日記なので、書きやすいように、今日の折り紙の色について書くことを伝える。 ・家の人とのふれあいの場とする。

⑤ 留意点

（1）学年集団が落ち着いていない場合は、ジャンケンをするだけでもトラブルが起きてしまうので、先生とジャンケンをして順番を決めていくとよい。

（2）時間が少ない場合は、家の人へのプレゼントは、次の日にすることを伝えておくと、次の日が楽しみになる。

（3）余ったハートの折り紙は、クラス掲示に使う。例えば、入り口のドアに縦に並べ、「おはよう」などと、1文字ずつ書き入れて使う。

❽ わたしの好きな漢字　30分

❶ 共同作業で達成感と思いやりを

　年末になると、「今年の漢字」などと、漢字1文字でその年の様子を表現するのを耳にする。新年の抱負を漢字1文字で表すことも、多くの学校で取り入れられているようである。そこで、この漢字を表現するのに、折り紙を使ってみたいと考えた。選んだ漢字を「1文字こいのぼり」という形で掲示すると、立派な掲示物となる。この「こいのぼり」型の掲示物は、他の言葉にも応用できて、使い道が豊富である。

　この実践は、折り紙の効果の①教え合いと②集中力にかかわるものである。折る段階では、折り方のわかる子どもが教えるので、クラスの中に温かい雰囲気がつくられる。大人ではイライラしてしまうような手つきの子にも、やさしく何回も何回も教える姿が見受けられる。また、折り紙の得意な子の中には、おとなしい子が多く、そういう子を活かす場ともなるようである。

　折り線に沿って設計図を見ながら折るのは、かなりの集中力が必要である。器用でない子どもたちが増えているようだが、手順を知ることで、楽しく取り組める。

❷ ねらい

（1）多くの漢字の中から、自分の好きな漢字を選ぶことができる。
（2）クラス全体での共同作業にかかわることで、達成感を味わうことができる。
（3）友だちの選んだ漢字を、みんなで見合うことで、一人一人の考え方、感じ方の違いに目を向けることができる。

❸ 事前の準備

（1）折り紙で「こいのぼり」を作るやり方を教えておく。
（2）「こいのぼり」の体の台紙を作っておく。

❹ 留意点

（1）漢字をすぐに思いつかない児童もいるので、あらかじめ漢字表を貼っておく。
（2）自分の興味のあることから漢字を思いつく場合もあるので、ウェビングマップを作り、漢字を考えるヒントとしてもよい。

❺ 指導案

	学習内容	指導上の留意点
導入 3分	・本時のねらいと約束を聞く。 「もうすぐ５月ですね。クラスみんなで、カラフルなこいのぼりを作ってみましょう」 「自分の好きな色でうろこを作ったら、ホワイトを使って好きな漢字を書き入れましょう」	・手順がわかるように、順を追って板書しておく。 ・イメージがわくように、写真を見せるとよい。
展開 25分	・うろこを作る。 「最初にうろこを作ります。みんなで教え合いながら作りましょう。好きな色を選んでください」 ・ワークシートに記入する。 「いろいろな漢字が集まるといいので、決まったら黒板に書いてみましょう。同じ漢字の人がいたら、話し合ってみましょう」 ・決まったら、ホワイトを使って、文字と名前を記入する。 ・ワークシートに記入する。 「ワークシートの２.から記入しましょう」 「こんなふうに決めていた人たちがいましたよ」と様子を紹介する。	・うろこの折り図を配る。 ・グループごとに取り組ませ、教え合いの場をつくる。 ・まずワークシートの１.に記入する。 ・迷っている児童がいたら、例を挙げて説明する。 ・どんな決め方をしているか、観察する。 ・漢字はホワイトで、名前は他の色で記入したほうが目立つ。 ・特に、決め方の部分を思い出して書くようにする。
まとめ 2分	・取り組みの様子を賞賛する。 「これからも自分の考えが伝わるように話せるといいですね」	・相手のことを考えて決めたり、理由をきちんと話し合って決めたりした児童を評価する。

ワークシート

1. わたしの好きな漢字はこれです。

	【理由】
	【理由】

2. 漢字を選ぶ時の様子を教えてください。

❾ ぬったくりアート　　90分

❶ 触覚と遊び感覚を共有する

　絵を描くことは、非言語的コミュニケーションとして豊かな人間関係づくりをしていくことができる。また、フィンガーペインティングは、筆ではなく手や指を使って模造紙の上に絵の具を置いていくので、上手・下手の評価をされないという利点がある。そして、絵には自分の力で描くことにより、自己表現ができて癒し（自己治癒力）も増していく効果がある。また、今回のアプローチの方法としては、学級の班など4〜6人の集団で一斉に実施する集団法を使うので、絵の具やのりを手のひらに取りヌルヌルとした感触を共有したり、一緒にいたずらをするような遊び感覚を集団で行ったりすることによって、楽しみながら班のメンバーと交流を図ることができる。

　そして、みんなで描いた「ぬったくりアート」からメンバーが協力して物語を想像して作ることにより、1人で考えるより物語の幅がふくらみ、絵や物語の表現が違うメンバーと共同で作品を作り上げていく過程で、自己主張や共感・表現や意見の譲り合いをするといった複雑なコミュニケーションをとる機会が生まれる。その中で人間関係づくりを感じることが大きな学びにつなげることができると思われる。

❷ ねらい

（1）フィンガーペインティングに意欲的に取り組み、自分を表現する。
（2）グループで1つの作品を仕上げることで、メンバーが互いの思いを理解する。
（3）自分の想像したことを積極的に発表して、相互理解を深める。

❸ グループ構成

　1組4〜6人

❹ 事前の準備

　模造紙（班の数）、絵の具、のり、水の入ったバケツ（各班1つ）、ぞうきん（各班1つ）、汚れてもよい服装、新聞紙

❺ 指導案

	学習内容	指導上の留意点
導入 5分	・本時のねらいと活動を確認する。 ・座席を班ごとに向かい合わせて、作業スペースを作る。 ・用具を配り、模造紙を広げる。	・大きなテーブルのある部屋があれば望ましい。 ・新聞紙を模造紙の下に敷き、周囲の汚れを防ぐ。
展開 75分	・好きな色の絵の具を手のひらに取り、のりも一緒に手のひらで混ぜる。 ・班のメンバー全員と握手をする。 ・握手した手の絵の具を模造紙にぬったくる。 ・自由に思い思いに、紙の上に自分の好きな色を伸ばしていく。1色だけでなく、手のひらで色を混ぜたり、違う色を増やしたりして塗っていく。 ・班の中で場所を移動して、他のメンバーの塗った部分にも自分の色を伸ばしていく。 ・メンバー同士協力して「ぬったくりアート」からストーリーを作ってみる。 ・出来上がった絵に、みんなで名前をつける。 ・描いた作品を班ごとに発表し合い、他のグループのよさを味わう。	・ヌルヌル感を共有する感覚を大切にする。 ・仲間外れがないように気を配る。 ・手と模造紙以外には絵の具がつかないように注意を促す。 ・共同作業なので、お互いが気持ちよくぬったくれるように工夫する。 ・他のメンバーの塗った上に、色を重ねてもよいことを伝える。 ・自分が想像したことを積極的に表現して、お互いの理解を深める。 ・題名とストーリーを発表する。 ・発表した班のよいところをほめる。
まとめ 10分	・互いの思いや感想を伝え合う。 ・かたづけは、絵の具で汚した場所や服の汚れ落ちを十分に確認する。	

❻ 留意点

（1）教師は子どもが安心して表現できる場を作る。

（2）フィンガーペインティングは方法であって、目的ではない。作品の出来映えよりも、一人一人の子どもが、その過程を楽しむように配慮する。大胆に活動できる子もいるし、そっと少しずつ楽しむ子もいる。それぞれのペースで楽しみながら交流を図れるように援助する。

（3）授業後も一人一人の思っていることを大切にして、何でも話し合える温かな学級の雰囲気づくりをし、授業へとつなげていく。

❿ 世界に１つだけの名刺　45分

① 個性を表現して自己肯定感を育てる

　「世界に１つだけの名刺」は、自分の名前や所属、長所や好きなことを文字や絵で工夫して描き込み、自分を表現した名刺を作って交換するグループ・アプローチである。名刺というオリジナル作品を作ることは、自分の個性のよいところを活かして表現しながら創り出す喜びを味わい、楽しみながら自己肯定感を育てることにつながる。また、作品発表の場としての名刺交換会を楽しく遊び感覚で行うことにより、作品に込められている作った子どもの存在を、お互いに認めたり共感したりする力を育てることができる。これは、気持ちを込めて作った名刺を通じて自分を知ってもらい、同時に相手を知って受け入れるという肯定的なコミュニケーションになり、豊かな感情を育みながら、望ましい人間関係をつくることにもつながる。

　また、個性を表現することが苦手な子どもや、不登校などエネルギーの少ない子どもでも、名刺という小さな紙なら参加しやすい。そこで、不登校から相談室や保健室登校の段階にある子どもが教室復帰するためのコミュニケーションとして活用することもできる。

② ねらい

（１）自分だけの工夫した名刺を作ることで、自己存在感を高めることができる。
（２）友だちと名刺交換をすることにより、相互理解を高めることができる。
（３）友だちとの交流を深めて、コミュニケーション能力を高めることができる。

③ 事前の準備

　画用紙・パステルクレヨン・カラーペンなどの画材用具、のり・接着剤・はさみなどの文房具、写真、写真シール、ビーズ・シールなどの小物装飾品、感想用紙

世界に１つだけの名刺を交換して分かち合い（シェアリング）用紙		
年　組　氏名		
名刺をくれた人の名前	その人の趣味・好きなこと	名刺交換した時の気持ち

❹ 指導案

	学習内容	指導上の留意点
導入5分	・本時のねらいと活動を確認する。 ・座席を班ごとに向かい合わせにする。 ・用具を配る。	・4～6人の班で行う。
展開35分	・自分の席で、用意した用具や材料を使って、自分だけの世界に1つだけのオリジナルな名刺を工夫して作る。内容は、氏名と学級名・委員会名・係名・クラブ名など自分が所属しているもの。もっている資格・趣味・長所・好きなこと・好きなキャラクターなどで自分のよいところをアピールする。 ・作る枚数は班員の人数分より多く作る。 ・班内で世界に1つだけの名刺を交換する。 ・時間がある場合は、他の班の人たちとも名刺交換する。 ・名刺をもらった時の気持ちや、名刺をくれた人のよい印象を感想用紙「世界に1つだけの名刺を交換して分かち合い（シェアリング）用紙」に記入する。 ・班内で「シェアリング用紙」から、感想を交換する。	・絵や文字の工夫や、ビーズや写真シールなどを使って個性を表現することを伝える。 ・名刺交換時に、趣味や好きなことなどの自己紹介や、相手の名刺のよい点をほめ合いながら交換すると交流が深まる。
まとめ5分	・班代表が全体の前で感想を発表する。	

❺ 留意点

（1）班員とは全員が名刺交換して、仲間はずれが出ないようにする。

（2）別の時間にパソコンを活用して基礎データになる氏名や所属が入った名刺をたくさん作っておくと、当日はシール等の作業だけになって時間短縮になり、多くの子どもと名刺交換することができる（オリジナル性が薄まることもある）。

（3）相談室登校中期のエクササイズとして、原学級の仲良しの子のいる班（1班のみ）と相談室で名刺交換することで、教室復帰の足掛かりにできる。教室で名刺交換をしている時間に実施すると、より効果的である。

⑪ 紙で作るスーパーブンブンこま　30分

❶ 思いやりの心や「相手をいたわる心」を育てる

　大人も子どもたちも紙を使った遊びは「とても楽しい」と感じる道具の1つである。クレヨンや鉛筆で絵を描いたり、紙を切って貼ってみたり、折り紙にしたり、紙飛行機や紙で作った凧など……いろいろと遊べる。

　ここでは、紙を使った「紙で作るスーパーブンブンこま」を紹介したい。互いの人間関係づくりに利用したり、驚きや発見ができたりする楽しい遊びである。

❷ ねらい

（1）1枚の紙を使ってコミュニケーションづくりをする。
（2）思いやりの心や「相手をいたわる心」を育てる。
（3）わたしにもできるという達成感や、工夫したり創造したりする喜びを育てる。

❸ グループ構成

　グループ活動としては学級集団を対象としている。子どもたちが互いに確認したり話し合う場合は、4〜5人をグループとして活動する。

❹ 留意点

（1）ブンブンこまを上手に回せない子が必ずいる。両手の力加減が大切であり、「力を抜いて、力を抜いて」と何度も語りかけるように支援する必要がある。
（2）ブンブンこまの回転も、簡単なものから高度なものまであり、難しさを克服する楽しみがでてくる。しかし、挫折してしまいかねない子どももいるので、そのような場合には、「両手を先生が持ってあげて」回転する感覚をつかませるとよい。

● 第 3 章 グループ・アプローチの実践

❺ 指導案

	学習内容	指導上の留意点
導入 1分	・最初に導入する言葉 「これから紙を利用してブンブンこまを作ります。すでに体験した人もいるかもしれませんが、今日作るものはスーパーブンブンこまです。色が変化したり、音が出たり、協力して回したりします」	・すでに体験している子どももいるが、回して楽しむだけではなく、さらに高度な内容になることを知らせる。
展開 26分	・**初級コース** 　材料はダンボール紙がよい。半径4cmの円を描き、中心より5～7mmの所に対称になるようにキリで穴をあける。この穴に1mの長さに切った毛糸を通して端を結び合わせる。 　これを、両手の人差し指から小指にかけて持ち、力を入れたり力を抜いたりして、高速回転ができるようになる。 ・**中級コース** 　材料は板目表紙になる。初級コースと同じように作製する。初級と異なる点は、 ①紙が薄くなり回しにくくなる。 ②クレヨンやマジックなどで色をつける。 ③板の1カ所に穴あけパンチで穴をあける。 　高速で回転すると、色がつき「ヒュー」という音がする。 ・**上級コース** 　材料は画用紙や普通の紙を使用してブンブンこまを作る。大きさや作り方は初級と同じであるが、回転のさせ方が極めて難しい。 　上手に回転させるコツは、毛糸でブンブンこまを支えて回転させることである。力を入れすぎると、すぐに穴がつながってしまい、回転しなくなる。 ・**スペシャルコース** 　ブンブンこま1枚を、2人で呼吸を合わせながら回転させる。2人の呼吸がぴったり合うと、回転する。	・上手に回転できない子どもが必ずいるので、そのコツを教える。コツは両肩の力をぬいてひもを引く時だけ力を入れるが、回転しだしたら力を抜いて、ひもを巻き取らせることである。 ・どうしても回転できない子どもがいた場合には、子どもの両手を軽くおさえて、回転のリズムを教えると、すぐできるようになる。 ・中級は子どものアイデアを活かすことができる。独創的な絵や穴のあけ方でいろいろな変化をすることを教えたい。 ・上級は難しいので、小学校低学年ではできないかもしれない。先生が回してみせても、子どもは驚きの声をあげる。
まとめ 3分	・「ブンブンこまを回せるようになった」という成功感をどの子にももたせたい。 ・工夫をこらすといろいろなものができ、新しい発見ができることを教えたい。 ・遊びを通じて、人間関係がさらに深まることも指導する。	・成功したという感覚は、次への意欲につながるので、できない子には両手を支えてでも回転できるようにさせたい。 ・遊びを創造することと喜びを感じさせたい。

63

⑫ 世界に1つだけの花を咲かそう　45分

❶ クラス全体が温かく楽しい雰囲気をつくる

　静かに目を閉じているとやがてゆったりとした気持ちになってくる。そして、心が落ち着いてくると自然と"ありがとう"という言葉が芽生えてくる。目を開けた時、そばにいるのは友だち。このゲームは、その大切な"ありがとう"の芽を友だちと協力して、育てていく。どんな花が咲くのか楽しみ。これからみんなと心をこめて一緒に花を咲かせていこう。それは世界に1つだけの花。

❷ ねらい

（1）イメージをふくらまし、グループ（学級）全体が温かく楽しい雰囲気をつくりだす。

（2）興味・関心をもち、友だちと積極的にかかわり、友だちのよさなど他者理解を深める。

（3）肯定的な自己概念を受容し、自己理解を深めて行動につなげる。

❸ 事前の準備

（1）茎と葉っぱが描かれた台紙（クラス用で大きいもの1枚、グループ用に1枚）

（2）花びらカードを1人2枚

（3）はさみ、色鉛筆、クレヨン、カラーペン、ネームペン、のり

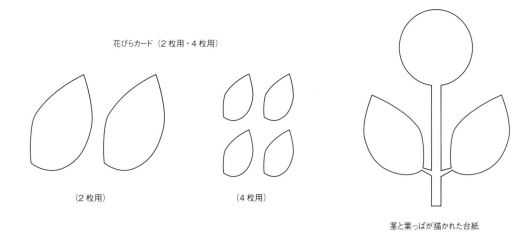

花びらカード（2枚用・4枚用）

（2枚用）　　　（4枚用）

茎と葉っぱが描かれた台紙

4 指導案

		学習内容	指導上の留意点
導入 4分		・本時のねらいと約束を聞く。 「みんなと一緒に世界で1つだけの花を咲かせましょう」 ・4〜5人組をつくる。	・人数が多ければグループの数を増やす。 ・学級全体で行う。
展開 37分		・グループに茎と葉っぱが描かれた台紙を配る。 「グループの人と握手をして、手をつなぎ、丸くなって目を閉じてください」 「あなたは今、ありがとうの花の花壇の前にいます。芽が出てすくすくと生長しましたが、花が咲いた時、花びらが1枚足りませんでした。さてそれは、どんな花びらだったでしょう」 「ゆっくりと目を開けて、グループの席に戻ってください」 「どんな花びらでしたか？ これから花びらカードを1人2枚ずつ配ります。花びらカードに好きな言葉を好きな色を使って自由に書いてください」 「また、花びらカードには、必ず"ありがとう"のメッセージと名前を入れてください」 「2枚の花びらが完成したら、1枚はグループ用の台紙にグループ全員の花びらを貼ってください」 「完成したグループの花について、いいところを見つけて話し合ってください」 「もう1枚の花びらは、クラス用の台紙に全員の花びらを貼ります。完成したクラスの花について、いいところを見つけて話し合ってください」 「クラス全体で手をつないで大きな円を作り、目を閉じてリラックスしてください」 「あなたの目の前には、あなたやみんなの思いが栄養となり、大きなきれいな花が咲いたでしょう。これは、世界に1つだけの花といいます。素敵な花でしょう。大切に育ててくださいね」 「『目を開けてください』これで終わりになります」	・茎と葉っぱの台紙例（グループ用） ・リラックスできるように静かに語りかける。 ・ゆっくりと語りかけ、花が育つ様子を想像させる。 ・花びらカードの例 ・焦らず、ゆっくり丁寧に作業を行っていく。 ・"ありがとう"の言葉以外でもよい。 ・グループで協力しながら、作業を進めていく。 ・茎と葉っぱの台紙例（クラス用） ・作業の様子をみながら、ほめたりする。
まとめ 4分		「グループの仲間のことがよくわかりましたか？」 「実践してどんな感じがしましたか？」 ・実践の感想を話し合う。	・感想を聞く。

⑬ はっけん！ あたらしい ぼく・わたし ⓾50分

❶ 他者のよいところをたくさん探す友だちづくり

　このゲームは、一人一人が他者のよい部分を積極的に探していくことで結果的により多くの自分と出会うことができる。それぞれがこのゲームの主役であるばかりでなく、一人一人が評価されると同時に他者を評価するという役割を担うことで、能動的な精神活動を促すことを目的としている。また、他者のよいところ、すごいと思うところ（長所）をたくさん見つけようとすることで発見する喜びと自分以外の人間の存在を認め、尊重することを感じ取ってほしい。

　ゲームでは、最終的に他の人から見た自分のいいところがたくさん記された客観的な自己評価表が出来上がる。

❷ ねらい

（1）人のいいところを見つける楽しさを体験する。

（2）自分への評価を受けて自尊感情を高める。

（3）多様な価値観を認めることのできる豊かな心を育てる。

❸ 事前の準備

（1）「はっけん！記録表」の準備

（2）対象者全員（40人程度）を収容できる教室

（3）誕生月ごとに割り振って、教室の各場所に集合して待機してもらう。

はっけん！記録表

名前（なまえ）	いいところ

4 指導案

		学習内容	指導上の留意点
導入 3分		・本時のねらいと約束を聞く。 「友だちのいいところを発見しましょう」 ・同じ誕生月のグループをつくる。人数が少ない場合は近い月で合併する。 ・誕生月ごとに割り振って、教室の各場所に集合して待機してもらう。	・できるだけ簡易で一般的なキーワードであれば他でも可能（例：星座） 　その対象の年齢や性質を考慮したうえでキーワードを決定する。 ・グループごとの距離が離れすぎないようにする。
展開 43分		・オープンスペースを作る。 「これから、みんなに宝探しをしてもらいます。そして、宝物を見つけるためにこの記録表に友だちのよいところを発見して記入してもらいます。どれだけのたくさんのよいところを見つけることができるかな？　たくさんお話をして探してみましょう」 「同じグループの人以外の人と2人1組になってください。パートナーができたら、お互いに簡単な自己紹介をして、記録表を交換してください」 ・その後、5分間のフリートークをしてもらう。 「パートナーのよいなと思うところを見つけ次第、記録表に書きこんでください」 ・フリートーク終了後に2分間フィードバックの時間を取る。 ・このように「パートナーを探す　→　記録表を交換してお互いに話す（書き込む）　→　フィードバックする」というプロセスを1試行として、全部で3〜5試行程度繰り返す。 ・全プロセスが終了したら席に戻り記録表と向き合う。 ・みんなが友だちのよいところを見つけ合うことで、たくさんの自分のよいところが発見できたことになる。 ・このプロセスを通じて、お互いの中にきらりと光る宝物を見つけることができたかどうかなどを最終的なフィードバックを責任者が行って終了する。	・広すぎず、狭すぎない場所。 ・お互いに話す内容については、基本的に制限しない。よいところを見つけるという趣旨をきちんと理解してもらう。 ・対象の年齢や状況を考慮して、このままフリートークをしてもらうのは難しいと判断したら適当な課題を例示してもよい。 課題例 将来の夢、自分の得意なもの 大好きなもの ・書ききれなかった場合はこの時間に記入するようにする。
まとめ 4分		・実践の感想を話し合う。	・感想を聞く。

⑭ パートナーを探せ！ 30分

① クラスの雰囲気を和らげる

　同じカードを持っている人をたくさんの人に質問し合いながら推理して見つけていくゲームである。カードを配られた人は、そのカードに書かれた物を確認していく。その時に、他の人には絶対見せないようにする。「この中に同じカードを持っている人が、もう1人います。そのもう1人の人、つまりパートナーを探していきます」。探し方の説明をして、探す間はカードに書かれている物の名前を言ってはいけないルールとする。これらのことを通して、クラスの友だちとまだ親しくなっていない時にこのゲームを行うことにより、クラスの雰囲気を和らげることができる。また、すでに親しくなっている時でもよりたくさんの人とコミュニケーションを図ることができる。

② ねらい

（1）多くの友だちとコミュニケーションをとる。
（2）クラスの雰囲気をうちとけたものにする。
（3）相手の心を読み取る力を育てる。

③ グループ構成

　学級全体で行う。グループをつくって行うこともできる。

④ 事前の準備

　参加者の半数分の果物の名前を考え、同じ名前の果物を2枚ずつカードに書いておく。

⑤ 指導案

	学習内容	指導上の留意点
導入 3分	・本時のねらいと約束を聞く。 「たくさんの友だちとお話をして、パートナーを見つけましょう」	・偶数の人数になるようにする。
展開 23分	・オープンスペースを作る。 「これから"パートナーを探せ！"というゲームをします」 「果物の書かれたカードを配ります」 「カードを配られた人は、そのカードに書かれた果物を確認してください」 「他の人には絶対見せないようにしてください」 「この中に同じカードを持っている人が、もう１人います。これからそのもう１人の人、つまりパートナーを探してください」 「探し方の説明をします。探す間は、カードに書かれている果物の名前を言ってはいけません」 「その果物だと推理できるような質問をします」 「果物の名前をお互いに教えてはいけないので、確信できるようにたくさん質問をします」 「友だちの答えを聞いて、パートナーではないと思ったら違う友だちに移ってください」 「パートナーだと思ったら、その場で座ってください」 「みなさん、自分のパートナーだと思う人が見つかりましたね。では、本当に自分のパートナーなのか確認しましょう。合図でお互いのカードを見せ合います」 「いっせいのー」 「自分のパートナーだったのか？ 本当のパートナーは誰だったのか？ 確認できたらゲームは終了です」	・体育館でもできる。 ・たくさんの質問をしないと簡単にはわからない果物等の名前をカードに書く。 ・カードに書く物は、野菜や乗り物、スポーツなどに変えてみる。 ・なるべくたくさんの人と質問し合う。 ・質問例 　レモンのカードを持っている場合 　「その果物は黄色ですか？」 　黄色の果物はたくさんあるので 　次に 　「その果物は酸っぱいですか？」 　質問を徐々に狭めていく。 ・パートナーが見つからない場合は、教師がヒントを出して少し誘導する。
まとめ 4分	「パートナーを見つけるまでに、何人の友だちとお話をしました？ パートナーを見つけた時、どんな気持ちになりましたか？」 ・実践の感想を話し合う。	・感想を聞く。

⑮ ジャンケンジェンカ

1 仲間意識を高め、信頼関係を築く

　しろくまのジェンカのダンスをアレンジしたエクササイズ。

　しろくまのジェンカの曲に合わせて踊る。踊りは、曲に合わせて足を前後左右に動かす。ワンフレーズ終わったところで曲を止め、曲が止まったところで、近くにいる人とペアになる。お互いに簡単な自己紹介をして、握手をする。

　その後に、またジャンケンをする。ジャンケンで負けた人は、勝った人の肩を持って後ろにつく。次の曲のフレーズでジャンケンに負けた人は、前の勝った人の肩を持ちながら踊る。曲のフレーズごとに新しいペアをつくり、握手、ジャンケンをする。2回目以降、負けた人は、勝った人の最後尾について、最後尾の人と握手をしてから最後尾の人の肩を持って踊る。学級全体が1列になったら終了。仲間意識が高まり、信頼関係を築くことができる。

2 ねらい

（1）仲間意識を高める。
（2）仲間との握手や肩を持つ身体接触により、信頼関係を築く。
（3）リズムに合わせて、楽しく体を動かして表現できる。

3 グループの構成

　学級全体で行う。人数は、偶数が望ましい。

4 事前の準備

　しろくまのジェンカの曲、CDプレーヤー等

❺ 指導案

	学習内容	指導上の留意点
導入 3分	・本時のねらいと約束を聞く。 　「一緒に踊って、仲間をつくろう」	
展開 23分	・オープンスペースを作る。 　「これから"ジャンケンジェンカ"というゲームをします」 　「しろくまのジェンカの曲に合わせて踊ります」 　「踊りは、曲に合わせて足を前後左右に動かします」 　「曲がワンフレーズ終わったところで曲を止めます」 　「曲が止まったところで、近くにいる人とペアになります」	・体育館でもできる。 ・踊りの例 　①右足を2回斜め前に出す→ 　②左足を2回斜め前に出す→ 　③両足をそろえて1歩前に出る→ 　④両足をそろえて1歩後ろに戻る→ 　⑤両足を揃えて3歩前に出る→ 　①から⑤をリズムに合わせて踊る。 ・全体でしろくまのジェンカの踊りを 　一度練習してもよい。
	「お互いに簡単な自己紹介をして、握手をします」 「その後にジャンケンをします」 「ジャンケンで負けた人は、勝った人の肩を持って後ろにつきます」 「次の曲のフレーズでジャンケンに負けた人は、前の勝った人の肩を持ちながら踊ります」 「曲のフレーズごとに新しいペアをつくり、握手、ジャンケンをします。2回目以降、負けた人は、勝った人の最後尾について、最後尾の人と握手をしてから最後尾の人の肩を持って踊ります」 「学級全体が1列になったら終了です」	・自己紹介例 　名前、血液型など ・最初はペアの1人に自己紹介をする。 　どんどん長い列になってきたら、その列にいる人にも聴こえるように大きな声で自己紹介をする。
まとめ 4分	「友だちの名前を何人覚えましたか？」 「友だちのことがよくわかりましたか？」 ・実践の感想を話し合う。	・感想を聞く。

16 未知なる深海探索ツアー 40分

1 リーダを信頼し協力する仲間関係をつくる

　仲間と深い海の底を探検するツアーに参加しよう。暗闇の中、得体のしれない生物がいる未知の世界で襲われないよう添乗員の指示を頼りに探索しよう。

　未知なる深海は、光が届かず真っ暗闇だ。全員無事に深海探索ツアーを終えることを願っている。

2 ねらい

（1）仲間と一緒に臨場感を楽しむ。

（2）仲間との身体接触により、信頼関係を築く。

（3）仲間意識を高める。

3 グループ構成

学級全体で行う。6人組のグループをつくって行う。

4 場の設定

体育館のバレーボールコートや、校庭に四角い線を引いた広いオープンスペース

❺ 指導案

	学習内容	指導上の留意点
導入 3分	・本時のねらいと約束を聞く。 「仲間と一緒に未知なる深海探索ツアーに行こう」 ・6人組をつくる。	・各グループの人数が、同じであればよい。
展開 33分	・バレーボールのコート線を利用する。 「これから"未知なる深海探索ツアー！"というゲームをします」 「未知なる深海は、光が届かず真っ暗闇です。得体のしれない巨大生物が潜んでとても危険です。そこで、深海探索ツアーには、添乗員が付いて案内してくれます。グループの中から1人添乗員を決めてください」 「探索ルートを説明するので添乗員は集まってください」 「添乗員は、参加者を巨大生物から守るために3つの暗号を使います」 「1つ目の暗号は、"タコ"です。添乗員が"タコ"と言ったら、まっすぐ進んでください」 「2つ目の暗号は、"カニ"です。"カニ"の暗号は、横歩きになります。"カニ右"は、右に横歩き、"カニ左"は、左に横歩きになります」 「3つ目の暗号は、"エビ"です。"エビ"の暗号は、後ろ向きで歩くことです」 「深海で迷子にならないよう、先頭の添乗員の後ろに縦1列に並びます。腕をまっすぐ伸ばして、前の人の肩を持ってください。そして、深海は真っ暗なので眼を閉じてください」 「海底の砂の中に巨大生物が、息をひそめて隠れています。添乗員の暗号と異なる動きをすると前の人の肩から手が離れたり、ぶつかったりします。異なった動きをした参加者は、その場で巨大生物の餌食になってしまいます」 「目の前が真っ暗なので添乗員の指示をしっかり聞いて、列からはみ出さず、転ばないように注意してください。添乗員の暗号指示が間違って探索ルートから外れたら全員巨大生物に捕まります」 「ゴール地点に無事戻ったら終了です」	・校庭に線を引いてもよい。曲線以外の直線であればよい。 ・声を低くして、ゆっくりと説明すると臨場感が出てくる。 ・ファシリテーターは、添乗員だけにバレーボールコートの線に沿って探索するように伝える。 探索ルート例：四角いコート ① スタート地点 　"タコ"で前歩き ② "カニ右"で右横歩き ③ "エビ"で後ろ歩き ④ "カニ左"で左横歩き ⑤ ゴール地点 ・転んだりしないよう十分注意を呼びかける。 ・1グループずつ行い、③の地点まで行ったら次のグループが出発する。 ・ゴールに到着の人数と時間で優勝グループを決めてもよい。
まとめ 4分	「未知なる深海探索ツアーはいかがでしたか？」 「どんな気持ちになりましたか？」 ・実践の感想を話し合う。	・感想を聞く。

⑰ 人間ビンゴ大会　　10分

1　親近感を体験した人間関係づくり

　ビンゴといえば小学生くらいになれば誰でも知っているポピュラーなゲームの1つである。ルールが簡単で明確なため年代を問わず、次に何が出るのかわからないのでワクワクしたり、ドキドキしたり興味・関心をもって臨むことができる。ある程度の人数が集まれば何人でも参加でき、誰にでも勝つチャンスがある。

　通常のビンゴでは進行役が数字を読み上げて、参加者はカードにその数字があるかチェックして、参加者同士の交流がなく単調になりやすい欠点がある。カードの代わりに人をマスに見立てたビンゴを行うことによって、参加者同士の関係づくりにつながる活動になる。

2　ねらい

（1）一緒に期待感、臨場感を楽しむことができる。

（2）興味・関心をもって臨むことができる。

（3）参加者同士で新たな発見や親近感を体験することで、人間関係づくりができる。

3　グループ構成

（1）1グループ25 〜 40人程度

（2）人数が多ければグループの数を増やす。ただし、グループ間の人数の差はできるだけないほうがよい。

❹ 指導案

	学習内容	指導上の留意点
導入 2 分	・本時のねらいと約束を聞く。 「グループの仲間について関心をもちましょう」 ・25 〜 40 人組をつくる。	・グループ間の人数の差はできるだけない ほうがよい。 ・人数が多ければグループの数を増やす。
展開 5 分	・参加者はビンゴのマスのように縦横揃えて整列して座る。 遊び方 ○ ・1 枚ずつカードを引いてそこに書いてある条件を発表する。 ・条件に当てはまる参加者は、立ち上がる。 ・条件に当てはまった参加者について、より理解を深めるためにグループ全体へフィードバックする。 ・2 回目以降、条件に当てはまる参加者は、まず手を挙げて座っていたら立ち上がる。 ・あと 1 人でビンゴになる場合、参加者はリーチと声に出してアピールする。 ・一番早く縦横斜めいずれか 1 列全員が立ち上がったら、その列の参加者はビンゴと声に出して勝ちとなる。	・必ずしも縦横の人数が同じにならなくてもよい。 ・条件とフィードバック例 　ハムスターを飼っている→ 　「世話は自分でしているの？」 　「名前はなんていうのかな？」 　剣道を習っている→ 　「何歳の時からやっているの？」 　「ちょっとやって見せて」 ・みんなで拍手をして、勝利を称える。
まとめ 3 分	「グループの仲間のことがよくわかりましたか？ 実践してどんな感じがしましたか？」 ・実践の感想を話し合う。	・落ち着いた雰囲気で実施する。 ・感想を聞く。

❺ 留意点

　子ども全体の中で数人が当てはまるような条件をカードに書く。条件の例として、「2 歳上の兄姉がいる」「ハムスターを飼っている」「剣道を習っている」など、できるだけたくさん準備する。

⓲ あなたはどんな人？　　50分

❶ 相互に自己紹介することにより友だちづくりができる

新しいクラスになると、自己紹介が行われる。出席番号順や席順で次々に自己紹介するのが一般的である。

しかし、直接生徒同士が相互に自己紹介し合うことで、それぞれの名前を覚えるとともに、質問項目を付け加えることで印象形成にも役立つ。質問項目は、答えやすいようにYes／Noで答えられる形式にしておく。

初対面に近い時には、深く踏み込んだ質問よりもこの形式のほうが答えやすいと思われる。

❷ ねらい

（1）他者理解を深める。
（2）クラス内の交流を深める。

❸ 事前の準備

Yes／Noで答えられる質問項目をいくつか挙げ、プリントとして配布する。

あなたはどんな人？

名前 ＿＿＿＿＿＿＿＿＿＿

質問	Yes／No	友だちの名前
きょうだいはいますか？	Yes　No	
運動部ですか？	Yes　No	
野球は好きですか？	Yes　No	
サッカーは好きですか？	Yes　No	
音楽は聴きますか？	Yes　No	
テレビを見るのは好きですか？	Yes　No	
夢は見ますか？	Yes　No	
※一人一人で考えてください	Yes　No	

④ 指導案

	学習内容	指導上の留意点
導入 1分	・本時のねらいと約束を聞く。 　「たくさんの友だちに質問をして、お話をしましょう」	・クラス全体で行う。
展開 40分	・教室で行う。 　「これから"あなたはどんな人？"というゲームをします」 ・プリントを配り、それぞれの質問項目について自分自身のことについてYes／Noを回答する。 ・全員記入が終わったら、まず、ウォーミングアップとして誕生日順に並ぶ。その際、言葉を発せず、ジェスチャーだけで誕生日を教え合い、順番に並ぶ。 ・誕生日順に並び終えたら、前後の人とペアになる。そこで、まずお互いに自己紹介をする。 ・自己紹介が終わったら、一方が質問項目の中からランダムに質問を選び、もう一方の人に質問する。 ・相手の答えがYesであれば、その人の名前をプリントに記入し、Noであれば、Yesが出るまで質問を続ける。 ・Yesが出れば役割を交代する。 ・お互いに自己紹介が終わったら、教室内を自由に移動し、別の人とペアをつくって同じように繰り返す。 ・予定時間になったら、ゲームは終了。	・机など特別移動しなくてよい。 ・所要時間約10分 ・所要時間約5分 ・あらかじめ決められた質問項目以外にも、Yes／Noで答えられる質問を各自考えて質問をしてもよい。 ・質問項目全てにいろいろな人の名前が入ることが好ましい。 　困難な場合は、なるべく1つの質問項目に集中しないようにする。 ・所要時間約25分 ・2回目以降の1人で何もしない生徒がいないよう、適時声をかける。
まとめ 9分	「何人の友だちとお話をしましたか？」 「友だちの名前を何人覚えましたか？」 ・実践の感想を話し合う。	・感想を聞く。

⑲ 声なし伝言ゲーム　20分

① グループの雰囲気をよくする

　通常の伝言ゲームをアレンジしたものである。ファシリテーター(進行役)の合図で、1番目の人から次の人に声を出さずにジェスチャーだけで「伝言」の内容を伝えていく。口パクで伝言してはいけない。伝えられる側からの問いかけに対してうなずくこと、首を振り否定することはよいことにする。2番目以降の人も同様に伝言していく。

　アレンジした点は、声を使わずにジェスチャーで次の人に伝えること、伝言を終えた人は自分以降の人のジェスチャーを見守ることができること。

② ねらい

（1）グループの雰囲気をよくする。
（2）自己表現力を養う。

③ グループ構成

（1）学級全体でグ行う。
（2）5〜6人のグループをつくる。

❹ 指導案

	学習内容	指導上の留意点
導入 3分	・本時のねらいと約束を聞く。 「伝言ゲームをします。声を出さずにジェスチャーで伝えます」 ・5～6人組をつくる。	・複数グループの場合は、人数を同じにする。
展開 13分	・オープンスペースを作る。 「これから"伝言ゲーム"をします」 ・グループ内で順番を決める。 ・1番目になった人は、伝言する内容を決める。 ・ファシリテーターの合図で、1番目の人から次の人に声を出さずにジェスチャーだけで伝言の内容を伝えていく。 ・口パクで伝言してはいけない。伝えられる側からの問いかけに対してうなずくこと、首を振り否定することはよい。 ・2番目以降の人も同様に伝言していく。 ・伝言を終えた人は、次の人の伝言をする様子を見守ることができる。ただし、反応が見えないように伝えられる側から見るようにする。 ・最後の人まで伝え終えたら、伝言内容を発表する。	・複数グループで行う場合は、1番目の人が集まって伝言する内容を話し合って決める。 ・複数のグループの場合は、何回で正解を出せるか、またより早く伝言できたかで勝ちグループを決める。
まとめ 4分	「友だちにうまく伝わりましたか？」 「友だちのジェスチャーはどうでしたか？」 ・実践の感想を話し合う。	・感想を聞く。

⑳ しあわせすごろく 45分

① 自己理解と他者理解を深める

　日々の生活の中にある「小さなしあわせ」を見つけてマスを作り、少し大きな「しあわせ」を目指すすごろくを作る。

　見つけた「しあわせ」を仲間と共有する中で、自分にとっての「しあわせ」がどのようなものなのか、友だちにとっての「しあわせ」がどのようなものなのか、自己理解と他者理解を深めながら、「しあわせ」のアンテナを拡げていく。

② ねらい

（1）自分の生活の中にある「しあわせ」を発見する。
（2）ポジティブな気持ちを友だちと共有し合う。
（3）自分の「しあわせ」と友だちの「しあわせ」の違いを楽しむ。

③ グループ構成

　3〜4人程度のグループで実施する。

④ 事前の準備

　人数分：5×5cm程度の折り紙（または付箋）10枚、カラーペン、のり
　グループ分：模造紙1枚

5 指導案

	学習内容	指導上の留意点
導入 10分	・本時のテーマの発表「小さなしあわせ」 ・ウォーミングアップ：「最近あった『小さなしあわせ（うれしかったこと、楽しかったこと、おいしかったことなど）』を１つ思い出してください」 ⇒数名に発表してもらう。 ・しあわせすごろくの説明をする。 　「折り紙に書いた『小さなしあわせ』をマスにして、グループで１つのすごろくを作ります」 ・本時のねらいを共有する。	・はじめにファシリテーターが自分の体験した「小さなしあわせ」を発表する。「かわいい猫を見た」「チョコレートがおいしかった」といった小さなエピソードによって、ハードルを下げる。
展開① 10分	・グループに分かれて、簡単な自己紹介をする。 ・**ステップ①　しあわせマスの作成** 　「折り紙１枚につき１つ、自分にとっての『小さなしあわせ』を書いてください」 　「10枚全部書かなくて大丈夫です」	・なかなか書けない人がいたら、好きなものや、好きなことをたずねるなどしてフォローする。
展開② 10分	・**ステップ②　しあわせの発表** 　「１人１つずつ順番に『小さなしあわせ』を発表してください」 　「発表者の『小さなしあわせ』が、自分にとってもしあわせと感じるものであれば、共感を伝えましょう。もし自分にとっては思いもつかないものだったら、どんなところをしあわせと感じるのか質問してみましょう」	・誰かに発表してもらい、ファシリテーターがリアクションの見本を見せる。
展開③ 10分	・**ステップ③　すごろくの作成** 　「模造紙の好きな場所に『小さなしあわせ』マスを貼り、マジックで線を引いてすごろくを作りましょう」 　「みんなでゴールを作り、自由に絵を描きましょう」 　「できたら『○○すごろく』と名前を考えましょう」	・あまり時間の余裕がないので、躊躇せずにどんどん貼るように促す。
まとめ 5分	・すごろくを味わう。 　「お気に入りの『小さなしあわせ』はどれでしたか？」 ⇒数名に発表してもらう。 ・本時のねらいの振り返りをする。 　「自分の『小さなしあわせ』を見つけられましたか？」 　「友だちの『しあわせ』を聞いて、自分と同じものがありましたか？　自分とは違うものがありましたか？」	・意見が出にくいようであればファシリテーターが選んだものを全体にシェアさせてもらう（事前に許可を得る）。

グループ・アプローチの最後に振り返りをすることが理想的です。
振り返り表は、以下の URL、または二次元バーコードからダウンロードできます。

https://www.gakuji.co.jp/gakkyukeiei_waza/

● おわりに ●

　2022年4月、未曽有のパンデミックにより大学のほぼすべての授業がオンラインで実施されることになり、学生さんが仲間と共に学ぶ時間は、一人で自由に学ぶ時間に置き換わりました。教員にとってもまた、授業はパソコンに向かって一人で話す時間になりましたが、正直に申し上げると私はその状況変化に対してさほどストレスを感じていませんでした。なぜならスマートフォンが普及して以降、私たちの生活は既に「自分が求める情報」と自分との1対1でさまざまなことが済むというのが当たり前になっているからです。こうした世界のメリットを挙げればきりがありません。第一に、無駄がなく効率的です。自分の必要な情報に最短距離でアクセスできることが多いでしょう。そして、自分以外の他者とは物理的に離れているので、目の前の人に気を使ったり配慮したりすることを求められませんし、邪魔もされません。さらに、自分にとって不要と判断する情報を無視することもできます。オンライン授業においてもそうした自由さがありましたし、さまざまな便利ツールによって、知識や情報は十分に伝達できることもわかってきました。オンラインでも対面でも、本質は変わらないのではないか、そう感じていました。

　しかし本書を編むにあたって、相馬先生と対面で実施した授業を思い返す中で気づいたことがあります。最も自分の中に残っているものは、「その時はよくわからなかったことや、言語化できなかった感覚」であるということです。そうした体験は、いわば「風景」として残り、繰り返し思い起こされます。

　オンライン授業で学生は、毎回学びを言語化しレポートを提出しました。文字に置き換えられた体験は、無駄のない、クリアー情報になります。そうして残された「情報」の量は、対面と比べても豊かであると言えるでしょう。費やした時間も多いはずです。しかし残念ながらそこには、余計なものや、今は理解できないようなものを含んだ「風景」がないので、「よくわからないもの」が残っていきにくかったように思います。

　友人などと過ごす時間・空間は、一人で過ごす時間に比べて無駄が多く、非効率なものです。自分の求めていない情報にたくさん触れることになりますし、人の数が増えるほど、自分にとって「よくわからないこと」や「理解しがたいこと」も増えます。でもそうした時間こそが、この先に何度も眺め直し、味わい直し、その時に必要な気づきを与えてくれる、お土産のような風景になるだろうと感じます。

　本書の再編集にあたっては、東京家政大学の「グループアプローチ実習」を履修した学生の皆さんから寄せられた感想や質問を取り入れ、これから実践を学ぶ方の目線に沿った内容へとブラッシュアップすることができました。そして、本書の再出版にあたりご尽力賜りました、学事出版の町田春菜様には心より感謝申し上げます。ありがとうございました。

平野真理

グループ・アプローチでつながりUP!

学級経営のスタートがラクになる 20 のワザ

2023 年 1 月 20 日　初版第 1 刷発行

著　者　　杉山雅宏・平野真理・金子恵美子・相馬誠一
発 行 人　　安部英行
発 行 所　　学事出版株式会社
　　　　　　〒 101-0051　東京都千代田区神田神保町 1-2-5
　　　　　　電話 03-3518-9655
　　　　　　https://www.gakuji.co.jp
編集担当　　町田春菜
制　　作　　中村泰宏
印刷・製本　　研友社印刷株式会社